조지 워싱턴의 리더십을 중심으로

# 미국 독립전쟁

# 차례
Contents

# 들어가며: 거부된 물리적 비례법칙

역사를 통해 보면 일반적인 물리적 비례법칙을 거부하는 사건들이 많다. 그래서 그것이 역사가 되는 것인지 모르겠다. 약자가 강자를 이기고, 소수가 다수를 이기고, 작음이 큼을 이기고, 결핍(want)이 풍요를 이기는 것이다.

이스라엘의 어린 다윗은 블레셋의 거대한 골리앗을 상대로 승리했다. 고대 마케도니아 알렉산드로스 대왕의 군대는 고작 3만 명에 지나지 않았지만 페르시아의 다리우스가 이끄는 25만 대군을 상대로 승리했다. 칸나에 전투에서 한니발이 이끄는 소수의 카르타고군은 로마 대군을 상대로 승리했다. 한니발에게서 배운 로마 장군 스키피오는 자마 전투에서 카르타고 대군을 상대로 승리했다. 소수의 홍군을 이끈 마오쩌둥이 압도적 다수의 백군을 이끈 장제스를 이겼다. 작은 테리어 종의 개가 싸움에서는 큰 개를 이기는 것이 다반사다. 어떻게 이런 일이 가능할까? 정도의 차이는 있지만 이처럼 물리적 비례법칙을 거부하는 사건에는 하나의 공통점이 숨어 있다. 그것은 이긴 쪽이 잘했다기보다 진 쪽에 문제가 있었다는 점이다. 바로 강함과 큼과 많음이 당연히 이길 것이라 믿고 자만했다는 사실이다.

베트남 전쟁에서 최첨단 무기로 무장한 미국군은 동남아시아 정글에서 공산주의자들을 쉽게 물리칠 수 있으리라 장담했다. 하지만 미군은 베트콩의 신출귀몰한 게릴라전에 속수무책으로 당했다. 거기에다 수천 마일 떨어진 곳에서 병력과 보급품을 충원받아야 하는 상황에서 미국 지도층은 물론 국민들마저 전쟁에 대해 한목소리를 내지 못하고 있었다. 그뿐 아니라 베트남 공산주의자들은 미국의 최대 적인 중국과 소련으로부터 재정적·군사적 지원을 받고 있었다. 전쟁이 장기화되면서 초기에 끝날 것이라는 주장은 이내 사라졌다. 나아가 사상자가 늘어나고 투자한 물자만큼의 결과가 나오지 않자 전쟁에 대한 무용론이 확산되었다. 결국 강한 미국이 약한 베트남 공산주의자들에게 패배했다. 강함이 이길 수 있다는 자만이 낳은 결과였다.

약 240년 전 세계 최강의 부와 군사력을 보유한 영국군이 오합지졸에 불과한 미국 독립군에 패배한 일 역시 물리적 비례법칙을 정면으로 거부한 사건이다. 영국은 자신들의 식민지이기에 자신들 마음대로 요리할 수 있다고 자만했다. 그래서 그들은 식민지인들의 의지와 상관없이 무거운 세금 정책을 비롯한 차별 정책을 식민지에 적용했다. 7년 전쟁에서 승리하고 거칠 것 없는 자신감(자만)을 보유한 영국은 자신들의 관리와 감독 아래 있는 아메리카 식민지의 반란은 단순 경찰 행위로도 충분히 해결할 수 있으리라 생각했다. 그러나 최고의 무기로 무장한 영국군이 신대륙 산악 지역에서 게릴라 전술을 펼치는 식민지군에 속수무책으로 패배했다. 당시 영국 역시 대서양 저편 너무나 먼 곳에서 보급품과 병사들을 수송해야만 했다. 또한 식민지 쟁탈전인 7년 전쟁에서 영국에 패배하여 철저히 원수가 된 프랑스는 어떻게 해서라도 영국에 원수를 갚고자 절치부심했다. 프랑스의 루이 16세와 그의 참모들은 식민지인들 대부분이 군주정치를 반대하는 공화주의자들이었음에도 불구하고 오로지 영국에게 패배를 안겨주겠다는 일념으로 식민지군을 도왔다. 영국이 식민지군에 패배한 이유는 여러 가지가 있겠지만 무엇보다 중요한 원인은 자신들의 강함을 믿고 식민지군을 무시한 자만이었다.

이 책은 그야말로 오합지졸에 불과한 아메리카 식민지군이 세계 최강의 군사력과 경제력을 자랑했던 영국군을 물리치고 인류 최초로 국민이 주인이 되는 민주공화국을 건설한 미국 독립전쟁을 조망함으로써 그 역사적 의미를 평가하는 데 목적이 있다. 나아가 독립전쟁과 조지 워싱턴의 역학관계를 살펴봄으로써 이 목적에 한층 더 깊이 부합하고자 한다.

역사를 배우면서 가장 먼저 듣는 진리 중 하나는 역사에는 '만약(if)'이 없다는 것이다. 그럼에도 역사가 매혹적인 이유는 바로 역사에 수많은 '만약'의 순간들이 있기 때문이 아닐까 생각한다. 만약 영국이 자만하지 않았다면, 분명 식민지군을 진압하고 신대륙의 주인공으로 남지 않았을까? 만약 미국이 240년 전 패배한 영국으로부터 역사적 교훈을 배우고 되새겼다면, 베트남 전쟁에서 승리하지 않았을까?

지난 2012년 런던 올림픽 축구 8강전에서 축구 종주국을 자처하는 영국이 한국에 패배하는 사건이 벌어졌다. 경기를 앞두고 영국 국민은 물론 전 세계 도박사들이 한국을 몇 수 아래로 평가하며 영국의 압도적 승리를 예상했다. 심지어 영국은 감독과 선수들까지 한국 팀을 자신들의 상대가 되지 않는 오합지졸로 보고 한국 팀에 대해 그 어떤 분석도 하지 않고 준비도 하지 않았다는 사실이 밝혀졌다. 영국 감독은 경기 전 기자들의 질문에 "한국 팀은 안정된 팀이다.

하지만 철저히 분석해 전력을 파악했기 때문에 우리는 승리에 큰 기대를 하고 있다"라고 장담했지만 이 말은 자만에 찬 허풍과 거짓이었음이 드러나고 말았다. 이에 비해 한국 팀은 영국 팀에 대한 철저한 분석을 통해 준비를 했다. 그 결과 경기는 대등했고 오히려 내용 면에서 한국 팀이 우세했으며 결국 승부차기에서 승리를 이끌어냈다. 객관적으로 우세한 축구 실력을 자랑하던 영국이 한국에 패배한 이유가 무엇일까? 그것은 베트남 전쟁에서 미국이 패배한 이유와 동일하다. 그리고 약 240년 전 세계 최강의 군대를 가지고 있던 영국이 턱없이 약소했던 그들의 식민지에 패배한 이유이기도 하다. 그것은 바로 '오만'이다. 방자하고 잘난 체하며 상대를 무시하는 건방진 태도다.[1]

# 오만과 편견이 부른 전쟁

## 누구든지 서 있는 자, 넘어질까 조심하라

"누구든지 서 있는 자, 넘어질까 조심하라." 은행업, 모피업, 그리고 모피산업에 절대적으로 필요한 백반(白礬: 명반明礬)산업을 한 손에 쥔 피렌체 르네상스의 주인공 메디치가(家)가 몰락한 현상을 두고 하는 말이다. 중세 이래 약 350년간 최고의 자리를 지키고 있던 메디치가는 로렌초 데 메디치(Lorenzo de´ Medici) 때에 이르러 이른바 "돌보지 않는 캐시카우(cash cow) 법칙"[2]으로 몰락의 길을 걷게 되었다. 로렌초는 할아버지와 아버지로부터 물려받은 엄청난 재산에, 교황

청의 도움으로 중세 경제에서 절대적으로 필요했던 백반산업에까지 진출함으로써 매일같이 쏟아져 들어오는 돈의 홍수에 현실감각이 무뎌졌다. 대체로 결핍이라는 것을 전혀 모르고 성장한 세대는 일반적인 물리적 비례법칙이 거부될 수 있다는 사실을 잘 인식하지 못한다. 우리 속담에 부자가 3대를 못 간다고 하지 않는가? "누구든지 서 있는 자, 넘어질까 조심하라"는 "돌보지 않는 캐시 카우 법칙"을 무시한 결과이다.

16세기 말 엘리자베스 여왕이 에스파냐의 무적함대를 물리친 이후 영국은 세계 최강의 국가로 등장하기 시작했다. 시민혁명이라는 내부 문제가 존재했지만 이를 현명하게 극복한 영국은 대외적인 면에서 타의 추종을 불허하는 강대국으로 성장했다. 특히 오랫동안 지속된 유럽 국가들 간의 패권 전쟁이 1763년 영국의 승리로 끝이 났다. 이 7년 전쟁 또는 프랑스-인디언 동맹전쟁[3)]에서 승리한 영국은 승리에 도취해 변화된 시대를 바로 보지 못했다.

사실 오랜 전쟁 끝에 얻은 승리는 어찌 보면 상처뿐인 승리였다. 왜냐하면 전쟁은 국가 1년 예산의 절반이 넘는 부채를 영국 정부에 안겨주었기 때문이다. 당시 많은 국민들은 이제 전쟁이 끝났으니 엄청난 예산이 들어가는 상비군을 해산하는 것이 당연하다고 생각했다. 그러나 새로 국왕이 된 조지 3세와 그를 둘러싼 위정자들은 다른 방법을 생각해냈다. 국왕은 평화기에 군대를 보유하여 그동안 힘들게 확보한 신대륙의 영토를 지킬 것이라 장담했다. 문제는 이에 소요될 막대한 자금이었다.

승리가 확정되자 식민지 아메리카인들은 새로운 기대감을 감추지 않았다. 그들은 이번 전쟁으로 그동안 학수고대했던, 새로 획득한 애팔래치아 산맥 서쪽 지역으로 진출할 수 있으리라 믿어 의심치 않았다. 어디까지나 그들도 스스로를 영국 국왕 조지 3세의 충성스러운 백성이라고 생각했기 때문이다. 지난 전쟁에서 그들은 아메리카 식민지인으로서가 아니라 영국인으로서 재산을 기부하고 피를 흘리고 목숨을 다해 싸웠다.

하지만 국왕과 위정자들은 식민지인들과 생각이 전혀 달랐다. 그들은 식민지인들은 어디까지나 식민지인에 불과하지 영국인과 동일하다고 여기지 않았다. 나아가 그들은 그동안 식민지를 지켜주느라 소요된 엄청난 돈과 앞으로도 필요한 자금을 식민지인들에게 부과하는 정책을 시행했다.

그래서 영국 정부는 1763년 포고령을 발표하여 새로 획득한 서쪽 지역 땅을 식민지인들에게 주지 않을 것이라 선언했다. 뿐만 아니라 이미 서쪽 지역에 진출해 있는 소수의 식민지인들을 강제 철수시키고, 심지어 관행으로 진행되어

오던 인디언과의 모피 무역까지 허가제로 바꾸었다. 식민지인들은 이런 조치가 영국 정부에 아부하고 고분고분한 모피 상인과 본국 관료들만이 이익을 취하는 음모라고 생각했기에 불만이 쌓이지 않을 수 없었다. 영국 정부는 식민지인들의 서부 진출 금지를 인디언들로부터 보호하기 위한 것이라고 했지만, 식민지인들은 본국이 식민지인들을 차별하려는 음모를 감추는 변명거리에 지나지 않는다고 보았다.

나아가 영국 정부는 단순한 기대감의 차이에서 오는 불만 상태를 넘어 절망 상태까지 식민지인들을 몰고 가 급기야는 그들이 본국으로부터 분리 독립을 생각하게 만드는 조치를 취했다. 그것은 자신들이 국왕 폐하의 건실한 백성이라고 여기는 식민지인들의 생각을 철저하게 무시한 처사였다. 영국 정부의 오만과 편견으로 가득한 식민지 경영 방식이었다.

## 세금 전쟁

오만과 편견의 식민지 정책은 식민지인들에게 부과한 각종 세금으로 구체화되었다. 당시 영국 정부는 전쟁으로 인해 늘어난 국가 채무는 물론 식민지 경영과 방어를 위한 비용이 확대일로에 있었다. 이에 식민지인들도 일정 한도의 세금을 내야 한다는 것이 공론화되었고 그 결과 만들어진 최초의 세금이 1764년의 '설탕법(Sugar Act)'이었다. 이것은 식민지에 수입되는 설탕, 포도주, 커피, 견직물 등에 관세를 부과하는 법으로, 종래의 관세는 무역 규제가 목표였다면 이것은 영국 정부의 세입을 늘리는 것이 주 목표였다. 영국 입장에서 볼 때는 소비하는 물건에 대해 매기는 너무나 당연한 세금이었지만, 제조업이 전무하여 수입에 의존할 수밖에 없던 식민지인들에게는 터무니없고 날벼락 같은 세금이었다. 이에 단 한 번도 영국인이 아니라고 생각해본 적이 없었던 식민지인들은 "이 법은 시민의 정당한 권리에 일치하지 않는다"라고 주장하면서 강하게 항의했다. 특히 매사추세츠의 웅변가 제임스 오티스(James Otis)는 이 세금은 "스스로 원하거나 자신들이 뽑은 대표의 동의를 받은 세금이 아니기 때문에 이 세금으로부터 자유로울 권리가 있다"라고 주장했으며, 조지 워싱턴(George Washington)을 비롯한 여러 식민지 지도자들은 이 법이 식민지인들의 수입을 줄이고 결국 영국 제조업의 쇠퇴를 가져올 수 있다고 주장했다. 이러한 주장과 항의에 몇몇 영국 관리들은 동의했고 결국 국왕 조지 3세는 이 법을 무효화했다.

관세가 없어진 것에 대해 식민지인들은 환호했지만 이는 잠깐의 기쁨에 불과했다. 영국 정부는 곧이어 1765년에 식민지인들을 상대로 세입을 늘리는 또 다른 법인 '인지세법 (Stamp Act)'을 제정했으며, 연간 6만 파운드를 거둬들일 수 있다고 장담했다. 이는 식민지 내부에서 거래되는 증권, 은행권, 법정문서, 신문, 홍보 광고물 등을 포함한 모든 공적 문서에 2분의 1페니에서 1파운드에 이르는 인지를 붙이게 하는 내국세로 식민지의 법률가, 상인, 성직자, 인쇄업자, 심지어 농장주들까지 큰 부담을 느꼈다. 자연히 인지세에 대한 저항은 격렬했고, 급기야 이 문제는 세금 그 자체보다 과세권이 누구에게 있는가 하는 정치 문제로까지 확대되었다. 말하자면 식민지인들은 식민지 내부의 세금 과세권은 영국 정부가 아니라 식민지 의회에 있음을 주장했다. 특히 매사추세츠의 급진파인 새뮤얼 애덤스(Samuel Adams)는 '자유의 아들들(Sons of Liberty)'이라는 과격한 단체를 조직하여 적극적으로 인지세 시행을 방해했다. 또한 버지니아의 패트릭 헨리(Patrick Henry)는 이 인지세는 "명백하게 불법적이고, 비헌법적이며, 부당하며, 식민지의 자유뿐 아니라 영국의 자유까지 파괴하는 조치에 불과하다"라고 비판하고 식민지에 대한 과세권은 오직 식민지 의회에만 있다고 주장하는 버지니아 의회 결의안을 이끌어냈다.

결국 매사추세츠, 뉴욕, 그리고 버지니아가 중심이 된 식민지 의회 지도자들은 인지세법 의회(Stamp Act Congress)를 구성하여 이 세금을 비난하고 폐기할 것을 주장했다. 나아가 그들은 식민지 대표가 영국 의회에 참여하지 않기 때문에 영국 의회는 식민지인에게 세금을 부과할 권한이 없음을 주장하는 '대표 없이 과세 없다(no taxation without representation)'는 원리를 내세웠다. 식민지 의회는 각각이 속한 지역구만 대변했기 때문이었다. 반면에 영국은 의회의 의원은 전국을 대변한다고 보았고, 따라서 비록 식민지 대표가 영국 의회에 참여하지 않지만 '사실상 대표(virtual representation)'라고 주장했다. 이러한 시각 차이로 인해 영국은 인지세 시행을 당연하게 여겼고 그만큼 식민지인들의 반발은 거세졌다. '자유의 아들들'을 중심으로 식민지인들은 전국에서 인지세 납부 보이콧에 나섰으며 영국 상품에 대한 불매운동을 벌였다. 과격파들은 매사추세츠 총독 토머스 허친슨(Thomas Hutchinson)의 집을 파괴했다. 심지어 뉴욕에서는 평범한 식민지인들까지 인지세 담당 관리를 폭행하는 데 가담하고 그들의 집을 파괴하기도 했다. 결국 영국 정부는 인지세 시행에 대한 식민지인들의 거센 저항과 영국 상품 불매운동으로 인한 경제 악화로 1년도 채 되지 않아 이 법을 폐지했다.

하지만 국왕과 그를 둘러싼 위정자들은 식민지에 대한 세금 정책을 포기하지 않았다. 1766년 그들은 식민지에서 어떠한 법이든 만들어 적용할 수 있다는 이른바 '선언법(Declaratory Act)'을 만들어 선포했다. 그런 와중에 국왕은 능력은 뛰어나지만 나이가 든 윌리엄 피트(William Pitt)를 대신하여 다소 무모하고 충동적인 찰스 타운센드(Charles Townshend)를 외무장관에 임명했다. 그는 조지 3세와 영국 의회 앞에 나가 자신에게 식민지인들한테서 세금을 거둬들일 수 있는 방법이 있다고 호언장담했다. 영국 의회는 타운센드의 말에 따라 식민지로 수입되는 종이, 유리, 페인트, 납, 차(tea) 등에 수입관세를 부과했다. 일명 '타운센드법(Townshend Acts)'으로 알려진 이 법에는 세금을 거두는 관리들을 보호하기 위해 식민지 어느 곳에든 군대를 주둔할 수 있다는 조항이 포함되어 있었다. 이 법이 발표되자마자 식민지인들의 반발은 더욱 조직적이고 거세졌다. 식민지인들은 이 법의 시행에 대한 보이콧은 물론 영국 상품의 수입 금지를 더 체계적으로 이끌었다. 또한 식민지 경제의 자립을 위해 식민지 제조업자들을 격려하고 주로 그들이 만든 상품을 이용했다. 그러자 영국의 수출은 절반으로 줄어들어 심각한 상태에 놓이게 되었다. 이에 영국 정부는 식민지에 군대를 파견하여 감시하면서 뉴욕, 매사추세츠, 버지니아의 의회를 해산시켜버리는 강압 조치를 내렸다. 이제 타운센드법은 단순한 세금 문제가 아니라 식민지의 자치권 문제로 발전했다.

영국군 파견의 명목은 타운센드법 시행을 방해하는 행위

를 막는 것이었다. 그러나 파견된 영국군들은 마치 점령군처럼 행동했다. 그들은 식민지인들보다 훨씬 우월하다고 생각하고 오만한 행동을 서슴지 않았다. 영국군의 오만은 타운센드법 시행에 대한 식민지인들의 저항과 반발의 원인을 제공했다. 사건은 저항의 근원지인 보스턴에서 발생했다. 영국 정부는 4,000명의 정규군을 보스턴에 파견했고 그들은 자주 식민지인들과 갈등을 빚었다. 더구나 식민지에 파견된 영국군들은 본국으로부터 제대로 된 처우는 물론 봉급도 제때 받지 못하고 있었기 때문에 주둔지에서 식민지 노동자들과 일자리 경쟁까지 벌였다. 1770년 3월 초에 보스턴의 밧줄 공장 노동자들과 부두 노동자들과 부대에서 이탈한 9명의 영국군 사이에 싸움이 벌어졌다. 노동자들은 돌 넣은 눈덩이와 얼음 조각을 군인들에게 던졌다. 순식간에 폭력이 발생했다. 그때 군중 속에서 누군가가 "발사"라고 소리쳤고 영국군들은 총을 발사했다. 노동자 5명이 그 자리에서 죽었다. 사건이 터지자 주로 보스턴에서 활동을 하던 애덤스를 비롯한 급진 선동주의자들은 이를 교묘히 이용해 영국에 대한 저항의 기운을 자극했다. 서로 싸우다가 5명이 죽었을 뿐인데 며칠 후 이 사건은 '대학살(massacre)'로 바뀌어 이른바 '보스턴 대학살(Boston Massacre)'이라는 이름으로 부풀려져 보도되었다. 화가 존 코플리(John Copley)의 이복형제인 헨리 펠

햄(Henry Pelham)은 그 총격 장면을 조각했고 이 조각을 보고 은세공업자 폴 리비어(Paul Revere)가 판화로 만들었다. 지역 인쇄업자들은 그 판화를 대대적으로 인쇄하여 유포했고 곧바로 그것은 애국의 아이콘이 되었다. 당시 보스턴 인구는 1만 6,000명에 지나지 않았는데 사망한 5명의 장례식에 무려 1만 명 이상이 참석했다. 단순한 사건이 '대학살' 사건으로 확대되었음을 보여주는 대목이다.[4]

사건이 있은 뒤 영국 정부는 군대를 보스턴에서 철수시켰고 차에 부과하는 세금만 남겨두고 나머지 타운센드법 내용은 철회했다. 이런 조치에 온건한 식민지인들은 만족했지만 새뮤얼 애덤스, 패트릭 헨리, 토머스 제퍼슨(Thomas Jefferson) 같은 급진주의자들은 전혀 만족하지 않았으며, 영국 정부의 식민지에 대한 간섭을 철저히 배제하기를 원했다. 특히 애덤스는 남겨둔 차세는 영국이 식민지를 경영하기 위한 자금으로 사용할 것이라 주장했다. 1772년 11월 애덤스의 주장에 따라 곧바로 급진주의자들은 차세의 시행을 방해하고 영국에 대한 적개심을 자극하고 투쟁을 유지하기 위해 식민지들 상호간에 연락을 할 수 있는 통신위원회(Committee of Correspondence)를 구성하고 서로 정보를 주고받았다.

하지만 보스턴 사건 이후 영국과 통상이 재개되었고 상당 기간 평화가 지속되었다. 애덤스와 급진적 동료들은 평화로 인해 저항의 분위기가 약화되는 것을 두려워했다. 그들에게는 식민지인들의 가슴에 저항의 기운을 다시 일깨울 사건이 필요했다. 그러던 중 사소한 일이 발생했다. 로드아일랜드에서 활동하고 있었던 식민지 급진파들이 밀수 방지 업무를 담당하고 있었던 영국의 해군 선박 '가스피(Gaspee) 호'를 불태워버리는 사건이 일어났다. 영국 정부는 방화범들은 체포해 본국으로 강제 이송하고자 했는데, 이는 현지 배심원단에 의해 재판받을 수 있는 영국의 전통적인 제도를 무시하는 처사였다. 애덤스는 이 사건을 이용하고자 했지만 단순히 법적 문제만 제기했을 뿐 식민지인들의 가슴에 저항의 불길을 댕기지는 못했다. 이제 급진주의자들에게는 좀 더 자극적인 사건이 필요했다.

1773년 말이 되자 영국 왕실, 귀족, 정부 관리, 영국은행 등이 주주로 있는 동인도회사가 네덜란드와 프랑스 등의 회사에 도전받고 갑자기 파산의 위기를 맞았다. 이에 영국 정부는 파산을 막기 위해 막 식민지 개척을 시작하던 인도의 실론 등 여러 지역에서 생산되는 막대한 양의 차를 아메리카 식민지에 독점으로 팔 수 있는 권한을 동인도회사에 주었다. 당시 차는 영국 본국인들은 물론 아메리카 식민지인들이 일반적으로 마시는 가장 대표적인 음료였다.[5]

동인도회사가 들여온 차는 당시 대부분 밀수로 들여와 식민지에서 유행하고 있던 네덜란드산 차보다 값이 비쌌지만, 영국 의회가 중간 상인을 없애고 영국에 지불해야 하는 세금도 면제해주어 식민지 소비자들에게는 싼값에 팔 수 있었다. 그러나 주로 아메리카의 항구에서 거두어들이는 차세는 '대표 없이도 과세할 수 있다'는 영국 의회의 권한을 확보하려는 사악한 계획으로 식민지인들에게 여겨졌다. 또한 그것은 그동안 밀수 차로 많은 수익을 올리고 있던 보스턴 상인들에게 큰 손해를 입히는 꼴이 되었다. 더더욱 영국 정부는 식민지에서 차 유통의 독점권을 동인도회사와 자신들에게 고분고분한 왕당파 상인들에게만 주었고 그들을 위해 밀수 차를 철저하게 단속했다. 불만이 확대되는 가운데 식민지인들은 '자유의 아들들'을 비롯한 급진파들의 주도 아래 동인도회사가 들여온 차에 대해 불매운동을 전개했다. 특히 매사추세츠의 여러 지역에서는 급진파들이 동인도회사의 차를 구입한 사람을 추적하여 협박하기도 했으며 궁극적으로 여러 대리점이 문을 닫게 되었다. 하지만 보스턴에서는 총독 허친슨이 불매운동을 전개하는 사람들을 철저하게 단속하고 영국 군함으로 하여금 차를 싣고 온 동인도회사의 화물선 3척을 호위하도록 조치했다.

이에 애덤스는 드디어 강력한 저항의 불길을 댕길 수 있는 기회가 다가왔음을 직감했다. 1773년 12월 16일 밤 그는 역시 급진파로 아메리카 식민지에서 최대 부자이자 동인도 회사의 차로 인해 큰 손해를 입고 있던 존 핸콕(John Hancock) 과 더불어 얼굴에 검댕 칠을 한 모호크족 인디언으로 가장한 150명의 '자유의 아들들'과 함께 동인도회사의 화물선에 올라 차를 보스턴 항에 쏟아부었다. 이들의 행동에 대해 영국 해군이 저지하려 했지만 너무나 순식간에 일어난 일이라 어떻게 할 수가 없었다. 항구에 던져진 차의 양이 어찌나 많은지 바다에서 배의 갑판까지 차올랐고 그들은 결국 삽으로 그것을 다시 바다로 밀어 넣었다.

일명 '보스턴 차 사건(Boston Tea Party)'에 대한 소식이 순식간에 퍼졌나갔다. 여러 다른 식민지들에서도 보스턴과 유사한 사건이 발생했다. 이에 고무된 애덤스는 차뿐만 아니라 영국의 모든 상품에 대해 불매운동을 확대 적용하자고 주장했다. 하지만 영국과 통상을 통해 많은 이익을 보고 있었던 뉴욕, 필라델피아, 그리고 남부의 여러 농장주들은 식민지인의 과격한 행동을 반대했다. 사실 당시 식민지인 중에는 급진파들 못지않게 영국에 충성하는 충성파 또는 왕당파들이 거의 절반 이상을 차지하고 있었다. 그럼에도 영국 정부는 보스턴 차 사건을 철저하게 처벌하는 방향으로 대책을 세웠다. 영국 의회는 조지 3세에게 강경책을 주문했고, 이에 국왕은 당시 수상이던 노스 경(Lord North)에게 "주사위는 던져졌습니다. 식민지인들은 항복을 하든지 승리를 하든지 하나를 선택해야 할 것입니다"라고 말했다. 이 사건 직후 영국 정부는 '보스턴 항구법(Boston Port Bill)'을 만들어 보스턴 차 사건으로 입은 손해를 완전히 배상할 때까지 항구를 잠정 폐쇄해버렸다. 또한 영국 의회는 매사추세츠 주를 철저히 응징하고 다른 식민지들에 경고하는 세 가지 법을 제정했다. 첫째는 '매사추세츠 정부법(Massachusetts Government Act)'이었다. 이는 식민지 의회의 상원의원 및 관리들을 하원의원들이 선출하는 것을 금지하고 국왕이 임명하도록 하며 총독에게 법원 판사의 임면권을 주었고 총독에 의해서만 읍민회의를 개최하도록 하는 것이다. 둘째는 '재판 운영권(Administration of Justice Act)'으로 이는 매사추세츠에 있는 영국 군인과 관리의 재판은 다른 식민지나 영국 본토에서만 할 수 있도록 조치한 것이다. 셋째는 '군대 민박법(Quartering Act)'인데 이는 식민지에 있는 영국군들은 필요할 경우 언제든지 그 어떤 식민지인 집에서라도 민박을 할 수 있도록 한 것이다. 이를 위해 국왕과 영국 정부는 다소 유화적인 입장의 노스를 대신해서 "강제 수단을 동원할 수밖에 없다"고 공언한 장군 출신인 토머스 게이지(Thomas Gage)를 새로운 총독으로 파견했다.

이에 매사추세츠 식민지인들은 이러한 법들을 식민지 의회의 권한을 빼앗는 '도저히 참을 수 없는 법(Intolerable Acts)'

으로 규정하고 다 함께 지키지 않을 것을 결의했다. 영국 정부의 지나친 강경책에 대해 영국 충성파들 다수도 식민지 급진파들에게 동조하지 않을 수가 없게 되었다. 나아가 영국의 강경책은 그동안 비교적 온건 노선을 걷고 있던 남부의 버지니아 식민지인들에게도 저항의 불길을 댕기는 계기가 되었다. 버지니아를 대표하는 조지 워싱턴과 그의 이웃이자 보스턴의 식민지인들을 적극 지지하고 있던 조지 메이슨(George Mason)은 버지니아 하원에서 이른바 '페어팩스 카운티 결의안(Fairfax County Resolves)'을 채택했다. 첫째, 영국 상품을 수입 금지하고, 둘째, 보스턴을 지지하며, 셋째, 대륙회의를 제의하며, 넷째, 노예무역을 금지할 것을 결의했다. 이에 매사추세츠는 즉각 반응했고 다른 식민지들도 통신위원회를 중심으로 다음 행동을 무엇으로 할 것인지 정보를 주고받았다. 급기야 13개 식민지 대표들이 모여 어떤 행동을 할 것인가를 논의했다.

### 대륙회의와 '전 세계에 울려 퍼진 총성'

처음에는 13개 식민지가 단결할 수 있을까 하는 걱정이 없지 않았지만 그런 걱정은 이내 사라졌다. 1774년 9월 5일에서 10월 26일까지 조지아를 제외한 12개 식민지 대표 56명이 필라델피아에 모여 이른바 제1차 대륙회의(Continental Congress)를 개최했다. 매사추세츠 대표로 참가한 존 애덤스가 "우리에게는 이 시대에 적합한 인물이 없습니다. 재능, 교육, 여행, 부, 한마디로 모든 것이 부족한 데서 온 결과입니다"라면서 회의에 대해 내심 걱정을 했지만 회의가 시작되자 이런 생각은 바뀌었다. 회의에는 식민지에서 걸출한 인물들이 거의 모두 참석했다. 존 애덤스를 비롯하여 새뮤얼 애덤스, 존 핸콕, 조지 워싱턴, 패트릭 헨리, 존 헤이(John Hey), 리처드 헨리 리(Richard Henry Lee) 등이 중심인물이었다. 당시 토머스 제퍼슨은 버지니아 대표로 선출되지 않아 옵서버 자격으로 회의에 참석했다. 회의는 신중하면서도 단호하게 진행되었다. 대륙회의 대표들은 영국의 강압적 법령을 반대하고, 영국 상품 불매운동을 연합적으로 전개하며, 어디까지나 과세와 대표는 식민지인들에게 권리가 있다는 내용을 중심으로 결의안을 채택했다. 그럼에도 이때까지만 해도 식민지인들은 독립을 위한 전쟁을 선택하지 않았다. 펜실베이니아의 중도 보수파인 조셉 갤러웨이(Joseph Galloway)의 주장에 따라 영국과 타협을 모색하는 방향으로 노선을 정했다. 대부분의 대표들은 싸움의 대상이 영국 국왕이 아니라 영국 의회라는 데 동의하고 있었기 때문이었다. 대표들은 결의안 내용을 청원서로 만들어 국왕에게 보냈다. 물론 그 내용에 만약 자신들의 요구가 해결되지 않으면 제2차 대륙회의를 소집한다는 점을 명시했다.

하지만 얼마 지나지 않아 대륙회의가 보낸 청원서가 아무런 소용이 없다는 것이 밝혀졌다. 제1차 대륙회의 이후 한동안 평화가 지속되었지만 그럼에도 보스턴에서는 영국 군인들의 민박을 방해하거나 그들에게 물품 판매를 거부하거나 또는 영국 상품 판매를 거부하는 소극적인 저항이 계속되고 있었다. 새로운 총독이 된 게이지는 식민지인들의 이러한 행동을 불법으로 규정하고 이를 차단하고자 했다. 이듬해 봄이 되자 '자유의 아들들'을 중심으로 급진파들은 앞으로 있을 수 있는 영국군과의 전투를 준비했다. 그들은 매사추세츠 전역을 돌아다니며 영국군을 상대로 싸울 사람들을 모집했다. 순식간에 명령만 떨어지면 1분 내에 출동할 수 있는 이른바 '긴급 소집병(minutemen)', 즉 민병대가 무려 1만 8,000명이나 모집되었다.

이에 불안의 씨앗을 미연에 방지한다는 명목으로 게이지는 화약과 무기를 숨겨둔 곳으로 의심되는 보스턴의 여러 비밀 창고를 급습했고 주모자로 알려진 존 핸콕과 새뮤얼 애덤스를 체포하려고 했다. 보스턴의 검문검색은 날이 갈수록 심해졌고, 보스턴 근교인 렉싱턴과 콩코드에서 민병대가 전투 준비를 하고 있다는 소문이 퍼졌다. 이제 식민지인들이라면 누구나 영국군이 렉싱턴과 콩코드를 곧 점령할 것이라고 생각했다. 전운이 감도는 가운데 지난 '보스턴 학살' 사건을 판화로 만들었던 은세공업자 폴 리비어는 영국군이 주둔하고 있는 보스턴 근교의 어느 교회를 지키는 사람과 영국군의 움직임을 정탐하여 렉싱턴과 콩코드에 그 내용을 전해주기 위한 신호 체계를 마련해두었다. '교회 첨탑에 불이 하나가 켜지면 영국군이 육로로 들어온다는 뜻이고 두 개가 켜지면 찰스 강을 건너온다'는 뜻이었다. 1775년 4월 18일 늦은 밤 두 개의 등불이 켜졌고 리비어와 그의 동료 빌리 도스(Billy Dawes)는 그 즉시 말을 타고 렉싱턴으로 달려가 핸콕과 애덤스에게 영국군의 움직임을 알리고 긴급 소집병에게 경계경보를 발령했다. 곧이어 리비어와 도스는 자유와 독립을 갈구하던 젊은 의사 새뮤얼 프레스코트(Samuel Prescott)와 합류하여 영국군의 동향을 콩코드에 알려주기 위해 다시 말을 달렸다. 그들은 도중에 영국군 순찰병에게 검문을 당했지만 프레스코트는 교묘히 탈출하여 콩코드에 모든 사실을 알렸다.

급진파들에 의해 교묘하게 과장되고 미화된 그 사건, '전 세계에 울려 퍼진 총성(the shot heard round the world)'은 다음 날 렉싱턴에서 발생했다. 렉싱턴의 민병대원 77명이 들판에서 우연히 영국군과 마주쳤다. 처음에 영국군은 군인으로 완벽한 복장과 무기를 갖춘 자신들과 달리 초라하기 짝이 없는 모습의 민병대를 보고 그냥 지나쳤다. 그때 한 발의 총탄이 발사되었고 양 진영은 순식간에 총격을 주고받았다. 이 전투로 민병대원 8명이 사망했다. 영국군은 여세를 몰아 불온한 콩코드로 향했다. 그 시간 콩코드의 민병대는 프레스코트의 경계 발령에 따라 전투 준비를 하고 있었다. 콩코드 민병대는 지금까지 통용되었던 서로가 줄을 서서 마주 보며 총을 쏘는 이른바 '라인 배틀(line battle)' 전투 방식[6]을 버리고 일종의 게릴라 전투 형태로 접근하는 영국군을 상대했다. 그들은 외양간, 가정집, 돌담, 나무 뒤 등 은폐할 수 있는 모든 곳에서 영국군을 공격했다. 전혀 예상치 못한 공격에 겁을 먹은 영국군은 서둘러 보스턴으로 철수했고 철수 과정에서도 수차례 민병대의 공격을 받았다. 영국군의 피해는 사망자 73명에 부상자는 130명이 넘었다.

렉싱턴과 콩코드의 사건은 순식간에 식민지 전역으로 퍼져 나갔고 식민지인 대부분이 영국과 전쟁의 불가피성을 말했다. 제2차 대륙회의 대표를 선발하고 앞으로 있을 전투를 어떻게 해나갈 것인가를 논의하기 위해 모인 버지니아 하원에서 패트릭 헨리는 동료 의원들에게 다음과 같이 말했다.

아무리 소중하더라도 쇠사슬과 노예제에 우리의 인생을 팔아버릴 수 있습니까? 그렇게 해서 얻은 평화가 그토록 달콤하단 말입니까? … 다른 사람들은 어떨지 모르지만, 나의 입장은 이러합니다. 나에게 자유를 달라. 아니면 죽음을 달라.(Give me liberty, or give me death.)[7]

두 지역에서 일어난 유혈 사태는 사실상 전쟁을 의미했다. 다른 식민지 여러 곳에서도 렉싱턴과 같은 유사한 사건이 발생하면서 식민지와 영국 간의 전쟁은 불가피한 것으로 여겨졌다. 전쟁이 임박한 분위기에서 식민지 대표들은 제2차 대륙회의를 개최했다. 이번 회의의 핵심은 독립을 위해 전쟁을 수행할 대륙군(Continental Army)[8]을 창설하고 총사령관을 선발하는 일이었다. 일반적으로 알려진 바와 달리 조지 워싱턴은 대륙회의에 의해 무조건 총사령관에 임명되지 않았다. 총사령관 후보군에는 총 4명이 올라와 있었다. 대륙회의를 주도하고 있던 뉴잉글랜드 지역 장군 출신인 아트마스 워드(Artemas Ward)와 영국 출생이지만 세계 여러 지역에서 장군으로 명성을 떨친 노련한 경험의 소유자 찰스 리(Charles Lee)가 유명했다. 또한 군인은 아니었지만 대륙회의 의장이었던 핸콕 역시 후보군에 올라와 있었다. 이들 3명은 나름의 장단점이 있었고 대륙회의는 논의 끝에 이들을 제외하고 워싱턴을 총사령관으로 임명했다.

워싱턴은 워드와 리보다 군사 경험은 물론 장군으로서 능력이 뛰어나지 않은 것이 사실이었다. 하지만 워싱턴은 당시 식민지 중에서 매사추세츠 이상으로 중요한 위치를 차지하고 있던 남부의 버지니아 출신이었다. 비록 지역감정을 드러낸 소수가 워싱턴을 반대했지만 이내 모두 찬성으로 돌아섰다. 코네티컷의 엘리팔렛 다이어(Eliphalet Dyer)가 한 "우리는 대의를 앞두고 식민지 상호간의 지역적 이기심을 가장 경계해야 합니다. 총사령관은 단결을 유지하고 남부와 북부 식민지를 강하게 통합시킬 수 있는 사람이어야 합니다"라는 발언에 존 애덤스는 물론 여러 의원들이 동의했다. 이와 더불어 대륙회의가 열리던 당시 워싱턴은 이미 그가 일생을 통해 가장 소중하게 여기고 그렇게 되고자 노력했던 명예로운 사람이 되어 있었다. 이에 애덤스는 워싱턴을 염두에 두고 다음과 같은 말로 그를 추천했다.

지금 우리에게는 장군으로서 능력보다 인격이 본질적인 요소입니다. 다행히 여기에는 자신의 뛰어난 능력에도 불구하고 항상 겸손하고 도덕적이며 상냥하고 용감한 사람이 있습니다. 그는 명예(honor)를 중히 여기며 상호간에 신뢰(trust)를 존중합니다. 그는 공익을 우선하고 분파를 거부하며 국민들을 단결시킬 수 있습니다. 또한 그는 권력에 대한 끝없는 탐욕과 군사적 독재의 위험으로부터 자유로운 사람임에 틀림없습니다. … 그는 지역적 라이벌과 이기심을 극복하고 대륙의 통일을 촉진하고 유지시킬 수 있는 가장 적합한 사람입니다. … 그는 바로 조지 워싱턴이라 생각합니다.[9]

워싱턴을 추천한 애덤스의 이 발언에 아무도 반대하는 사람이 없었다. 메릴랜드 대표 토머스 존슨(Thomas Johnson)이 워싱턴을 지명하고 만장일치로 그를 독립군 총사령관으로 선출했다. 1775년 6월 15일 저녁이었다. 곧이어 대륙회의는 무기를 든 이유가 식민지인들의 자유를 지키기 위함임을 밝히고 독립군(대륙군)을 유지하기 위해 무기를 구입하고 영국과 다른 독자적인 지폐를 발행했다. 나아가 대륙회의는 영국과 오랜 숙적이던 프랑스로부터 도움을 받기로 잠정 약속을 받았다.[10]

# 세계 최강의 군대를 이긴
# 오합지졸 군대

1775년 여름 대륙회의가 모국과 전쟁을 위해 대부분 '긴급 소집병'으로 구성된 독립군을 창설하고 총사령관을 뽑았지만 당시까지만 해도 많은 식민지인들은 영국과 최종 단절이라는 극단적인 처방을 원치 않았다. 존 애덤스와 리처드 헨리 리 같은 급진파들은 당장에 영국과 단절을 원했지만, 당시 대부분의 식민지인들은 영국과 문화적·정서적 또는 정치적 동질성 내지 일종의 연대감이 있었고 경제적으로도 영국과 교역을 쉽게 무시할 수 없다는 의견을 냈다. 또한 대륙회의가 영국 국왕에게 보낸 '청원서'에 대해 어떤 대답도 영국으로부터 받지 못한 상태에 있었다. 그래서 전쟁을 피하고 평화적인 해결을 할 수 있다는 희망이 팽배한 가운데 영국군과 식민지 독립군은 비록 대치하고 있었지만 특별한 전투 없이 시간이 흘러갔다.

그러나 그해 연말이 되면서 그동안 식민지인들에게 남아 있던 평화적 해결에 대한 희망의 싹이 완전히 제거되는 사건이 일어났다. 드디어 기다리던 청원서에 대한 답이 국왕으로부터 왔다. 조지 3세와 영국 의회는 식민지인들이 보이는 작금의 행동을 국왕에 대한 반역으로 생각하며, 이를 그냥 묵과할 수 없어 식민지와 교역을 전면 단절하는 이른바 금지법을 통과시키고, 잘못에 대한 용서를 구하지 않으면 영국 정규군을 파견하여 반역자들을 처단할 것이라고 엄포를 놓았다. 나아가 이 엄포를 구체화하는 조치로 영국은 모자라는 정규군을 보충하기 위해 당시 가장 잔인한 군인으로 정평 나 있던 독일 지방의 공국 중 하나인 헤센인(Hessian)을 용병으로 채용하여 식민지 반역자들을 처단할 것이라고 천명했다.[11]

## 「상식」과 「독립선언서」

미국의 독립전쟁은 전쟁 그 자체 못지않게 전쟁에 대한

당위성을 담보해주는 두 가지 문서가 대단히 중요하다. 『상식(Common Sense)』과 「독립선언서」는 대륙군에게 그 어떤 총과 대포 이상으로 중요한 무기였다. 이 두 문서가 독립에 대한 당위성과 정당성을 확고하게 만들어주었기 때문이다.

식민지인들의 청원에 대한 국왕의 반대 선언은 그동안 온건한 태도를 취하던 식민지인들의 말문을 닫도록 만들었다. 이와 더불어 1776년 1월에 전쟁으로 가는 길을 완전히 열어주는 또 하나의 계기가 조성되었다. 『상식』이라는 작자 미상의 작은 팸플릿이 한 인쇄소에서 발간되었다. 이것은 단순하지만 설득력 있게 식민지인들이 왜 독립을 해야만 하는가에 대한 분명한 이유를 밝히고 있었다. 이 팸플릿은 순식간에 식민지 전역으로 퍼져 나갔고 곧 그 작가가 벤저민 프랭클린의 도움으로 영국에서 식민지로 건너와 철저하게 미국인이 된 토머스 페인(Thomas Paine)이라는 사실이 밝혀졌다. "세계를 다시 시작하기 위해 … 새로 세계의 생일이 가까이 와 있다"라는 강력한 말로 시작한 페인은 군주제는 자연법에 어긋나는 부조리한 것이며 거대한 아메리카 대륙이 작은 섬의 통치를 받는다는 것 역시 자연적이지 못한 것이라고 주장했다. 또한 영국과 화해를 원하는 것은 시대착오적이며 아메리카인들은 독립을 하고 자연법에 적합한 정부인 공화국을 세워야 한다고 주장했다. 나아가 페인은 군주제에 대해 철저하게 비난했다.

　지난 수세기 동안 영국은 군주에게는 잘못이 없다는 거짓말
을 했다. 정부가 국민을 억압할 때는 왕의 가까운 고문들이 비
난받았다. 그동안 왕은 비난으로부터 벗어난 정당함의 대명사
로 여겨졌다. 이것이야말로 참으로 말도 안 되는 소리다. 왕은
폭력으로 지배해왔다. 조지 3세 역시 자기 마음대로 식민지인
들의 복종을 강요하는 단순히 잔인한 짐승에 불과하다.[12]


　페인의 공화정신은 시대를 앞서간 것이지만 당시 급진 세
력들에게 절대적인 영향을 주었다. 특히 독립군 총사령관은
『상식』을 읽고 스스로 공화국에 대한 개념을 확립시켰을 뿐
아니라 부하 장교들은 물론 병사들에게도 이 책을 읽도록
독려했다. 순식간에 팸플릿은 15만 부가 팔려 나갔고 곧바로
50만 부를 넘어섰다. 당시 식민지 인구가 총 300만 명에 불
과했으니 거의 한 가족당 한 권씩 구입했음을 짐작할 수 있
다. 이것은 그동안 온건한 태도로 화해의 가능성을 생각했던
여러 사람들이 영국과 관계를 단절하고 독립의 길을 택하도
록 했다는 의미를 지닌다.

　이러한 분위기 속에서 대륙회의를 주도해온 벤저민 프랭
클린, 토머스 제퍼슨, 조지 워싱턴 등을 비롯한 급진파 세력

은 곧 있을 전쟁을 위해 그야말로 오합지졸에 불과한 민병대를 정규군으로 탈바꿈시키고 있었다. 하지만 식민지인들은 전쟁을 수행하는 데 필요한 강력한 중앙정부가 없었고, 따라서 군대를 모집하고 유지하는 데 많은 어려움을 겪지 않을 수 없었다. 대륙군 대부분은 단지 몇 개월만 복무하고 나면 고향으로 돌아갈 수 있으리라 생각했다. 화약과 무기가 턱없이 부족했으며 아직 군복 등의 보급품이 지급되지 않았기 때문에 대륙군은 자신이 입대할 때 입고 온 옷을 그대로 입고 있었다. 신발도 마찬가지였다. 더욱 심각한 문제는 군대 내 열악한 위생 상태와 각 식민지에서 모인 사람들로 구성되어 동질성이 너무나 희박하다는 점이었다.

이러한 어려움에도 불구하고 1776년 3월 초 워싱턴은 우여곡절 끝에 독립운동의 출발 지역이자 영국군이 주둔하고 있는 보스턴으로 진격했고, 항구가 내려다보이는 도체스터 고지에 대포를 설치하고 이를 요새화했다. 이를 두고 영국의 한 장교는 "알라딘의 요술램프 속 한 요귀"로 표현했다. 그럼에도 막강한 군사력을 가진 영국군은 도체스터를 향해 진군하기 시작했다. 당시 영국 정부는 지난 보스턴 사건의 책임을 물어 토머스 게이지를 해임하고 유능한 장군인 윌리엄 하우(William Howe)를 총사령관으로 임명했다. 윌리엄 하우는 휘그당의 대표적인 인물로 식민지인들과 전면전보다는 그들을 설득하고 타협하여 다시 충성스러운 식민으로 돌아오게 하는 온건 정책을 선호한 인물이었다. 독립군과 영국군이 막 전투에 돌입할 즈음 때마침 거대한 폭풍우가 보스턴 항구에 몰아쳤다. 하우는 3월 17일 이런 폭풍우 속에서 전투를 하는 것은 아군에 막대한 인명 피해를 초래할 수 있다고 주장하며 진군을 포기하고 보스턴 항에서 영국군을 철수시켰다. 갑자기 보스턴, 매사추세츠, 나아가 뉴잉글랜드 지역이 영국의 지배로부터 해방되었다. 독립군이 창설되고 첫 승리였고 워싱턴이 총사령관이 되고 첫 승리였다. 하지만 이 승리는 워싱턴의 능력에 의한 것이라기보다는 하늘이 가져다준 선물이었다고 할 수 있었다. 이 승리는 승리 그 자체보다 그동안 망설이고 있던 프랑스의 루이 16세가 식민지에 총포와 탄약을 지원하겠다는 비밀 서류에 서명을 하도록 했다는 데 큰 의의가 있다.

식민지인들은 영국군의 후퇴에 기쁨을 감추지 못했다. 심지어 어떤 이들은 영국이 물러갔으므로 이제 전쟁이 끝난 것이라며 이에 대해 워싱턴에게 감사했다. 하지만 워싱턴은 이들과 같이 기쁨을 나눌 수 없었다. 독립군의 운명, 아니 13개 식민지의 운명을 책임진 총책임자로서 그는 물러간 영국군이 다시 돌아올 것이라는 사실을 직감하고 있었기 때문이었다. 그것도 반란을 일으킨 식민지인들을 철저하게 굴복시키기 위한 막강한 군사력을 갖추고 돌아올 것이 분명했다. 영국군이 다시 보스턴으로 돌아올 것인가, 아니면 다른 어느 곳인가? 워싱턴은 자신이 적 사령관의 입장이 되어 13개 식민지를 통제하기 위해 어디로 와야 하는가를 고민했다. 그곳은 뉴욕이 분명했다. 워싱턴은 전략적으로 뉴욕이 영국의 주공격 대상이 될 것임을 직감했다. 영국은 세계 최강의 해군력을 보유하고 있을 뿐 아니라 뉴욕은 자연 항구로 작전을 펼치기 최고로 좋은 곳이었다. 또한 뉴욕을 점령했을 때 남부와 북부 식민지의 허리를 자를 수 있다고 영국 사령관이 충분히 생각하리라 워싱턴은 믿었다. 이미 얼마 전에 대륙회의 좌장 격인 존 애덤스 역시 "뉴욕은 남북의 핵심 지역으로 반드시 방어되어야 하며, 만약 뉴욕을 잃을 경우 독립운동에 큰 위협이 될 것"이라고 말했다.

그런 와중에 대륙회의는 7월이 되면서 독립 의지를 더욱 확고하게 다지고 이를 만천하에 공언할 「독립선언서」를 준비했다. 버지니아의 리처드 헨리 리와 매사추세츠의 존 애덤스, 그리고 펜실베이니아의 벤저민 프랭클린이 주축이 되고 로저 셔먼, 로버트 리빙스턴 등이 위원이 되어 지적이고 문장력이 뛰어난 토머스 제퍼슨으로 하여금 「독립선언서」를 작성토록 했다. 당시 제퍼슨은 아내의 병으로 인해 개인적으로 힘든 시기였지만 자신에게 주어진 영광된 일에 최선을 다했다. 하지만 제퍼슨이 작성한 초안에 대해 대륙회의 의원들의 수정 요구가 빗발쳤다. 특히 제퍼슨이 "저주받아 마땅할 이 장사"로 표현한 노예무역에 관한 조항에 대해서는 대부분이 농장주인 남부 대표들이 주도하고 북부 대표들이 암묵적으로 동의함으로써 내용에서 삭제해버렸다. 또한 존 애덤스는 아내 에비게일 애덤스(Abigail Adams)의 부탁으로 여성의 권한에 대한 조항을 넣고자 노력했으나, 발표된 「독립선언서」에서는 그 내용이 삭제되었다. 대륙회의는 우여곡절 끝에 1776년 7월 4일 「독립선언서」를 발표했다.

우리는 다음과 같은 사실을 자명한 진리로 받아들인다. 모든 사람은 평등하게 태어났으며 조물주로부터 여러 가지의 양도할 수 없는 권리를 부여받았다. 특히 생명과 자유와 행복의 추구 권리가 있다는 것을 명백한 진리로 밝히는 바이다. 이 권리를 확보하기 위해 인류는 정부를 조직했다. 그리고 정부의 정당한 권력은 인민의 동의로부터 나오는 것이다. 또한 어떠한 형태의 정부이든 간에 이러한 목적을 파괴할 때는 언제든지 그 정부를 개혁 또는 폐지하여 인민의 안전과 행복을 가장 효과적으로 가져올 수 있는 새로운 정부를 조직하는 것이 인민의 권리인 것이다.[13]

이 「독립선언서」는 당시로서는 혁명적인 내용을 담고 있었다. 그것은 자연권과 자연법 사상, 평등권, 생명·자유·행복 추구권을 명기했다. 뿐만 아니라 정부 수립의 정당성과 주권재민 사상과 더불어 정부가 본래의 목적을 달성하지 못하면 인민들은 그것을 폐지하고 새로운 정부를 수립할 수 있다는 로크적인 혁명권을 적시했다. 대륙회의로부터 「독립선언서」를 받은 워싱턴은 7월 9일에 병사들에게 그것을 읽어주면서 독립을 위한 전의를 불태웠다. 보스턴에서 물러간 영국군이 강력한 대규모 군대를 이끌고 곧 다시 식민지를 침략해올 것이라는 소문이 퍼졌다.

## 뉴욕 전투[14)]

렉싱턴, 콩코드, 벙크힐 등에서 전투가 있었지만 사실상 전쟁의 시작은 1776년 여름부터였다. 독립군 총사령관 워싱턴은 철수한 영국군이 식민지의 전략적 요충지이자 충성파들이 많이 거주하고 있는 뉴욕으로 쳐들어올 것이라 일치감치 예상하고 있었다. 그래서 그는 이미 지난 2월에 찰스 리 장군을 뉴욕에 파견하여 방어를 위한 조치를 취하도록 했다. 하지만 리 장군은 이미 세계 최강의 해군력을 가진 영국이 뉴욕으로 통하는 바다를 지배하고 있기 때문에 이곳을 방어하기란 쉽지 않다고 보고했다. 그럼에도 4월에 뉴욕에 도착한 워싱턴은 롱아일랜드의 브룩클린으로부터 맨해튼 섬에 이르는 여러 중요 지점을 선택하여 방어진지를 구축했다. 그러고 나서 5월 초 필라델피아에서 열린 대륙회의에서 워싱턴은 어쩌면 뉴욕을 방어할 수 있거나 아니면 영국군에 치명적 패배를 안길 수 있다고 보고했다. 이렇게 보고했지만 워싱턴은 가능성이 희박하다는 것을 알고 있었다. 그렇지만 한편으로는 용기와 애국적 열의가 있다면 승산이 없지만은 않을 것이라 생각했다.

반란의 온상지로 여겨진 보스턴으로부터 철수한 영국군은 8월이 되자 예상했던 대로 역사상 가장 강력한 함대를 이끌고 뉴욕으로 쳐들어왔다. 병력 규모는 대규모 군함 52척, 수송선 427척, 헤센인 용병 7,000명이 포함된 노련한 영국 정예군 3만 3,000명이었다. 당시 이를 지켜본 독립군의 한 사병은 다음과 같이 말했다.

마치 꿈을 꾸는 것만 같았다. 도저히 믿을 수가 없었다. 나의 눈은 그들이 정박하는 그 지점에 고정되어 있었다. 10분이 채 지나지 않았는데 항구는 배들로 가득 찼다. … 나는 모든 런던이 옮겨 온 것처럼 느껴졌다.[15]

이 사병의 말처럼 역사상 가장 큰 규모의 함대였다. 이에 비해 독립군은 어떠했을까? 본격적인 전투를 하기 전에 독립군의 총 병력은 1만 9,000명이었다. 그중에서 약 4,000명은 부상 등으로 종군을 할 수 없는 입장이었다. 비록 워싱턴의 노력으로 그동안 문제가 되었던 식민지 지역 간의 심각했던 지역주의를 어느 정도 극복하고 제법 군인다운 면모를 갖추었다고는 하지만 아직 제대로 된 훈련 한 번 받아보지 못한 '긴급 소집병' 수준의 군인들이었다. 그마저 전쟁을 위한 기본적인 준비가 되어 있지 않은 상황에서 집을 나온 이들었기에 대부분 옷과 신발이 거의 낡은 상태였고, 의회를 통한 보급품 공급은 늘 형편없는 수준이었다. 여기에 더하여 대부분의 독립군 병사들은 연말이 오면 복무기간이 끝나게 되어 있었다. 더구나 뉴욕 전투는 성격상 해전이 중심이어야 하는데 독립군은 영국의 막강 해군을 상대할 이렇다 할 해군력을 보유하고 있지 않았다. 워싱턴은 이러한 현실을 누구보다 잘 인식하고 있었지만, 독립을 위해 너무나 중요한 곳인 뉴욕이 주공격 대상이 될 것이라는 것을 당시 의회가 아는 상황에서 총사령관으로서 선택권은 많지 않았을 것으로 보인다. 그래서 워싱턴은 의원들 앞에서 뉴욕 방어를 약속했던 것이다. 하지만 쓰라린 패배의 연속이었던 뉴욕 방어 전투를 두고 후대의 역사가들은 워싱턴이 "값비싼 도박"을 했다고 말한다.[16] 하지만 워싱턴은 이 값비싼 도박으로 뉴욕과 많은 병사들을 잃었지만 또 다른 많은 것을 배웠다. 핵심은 패배로부터 뭔가를 배웠다는 점이다.

9월이 되면서 영국군은 본격적으로 뉴욕 공략에 나섰다. 헤센군을 앞세운 영국군은 먼저 뉴욕 공략의 전초기지인 롱아일랜드로 진격해 들어왔다. 워싱턴은 침략이 예상되는 몇 곳에 진지를 구축하고 방어 전선을 펼쳤지만 워낙 넓은 해안선 어디에다 전략적 초점을 두고 방어를 해야 할지 막막했다. 뉴욕 전투에서 워싱턴은 적이 언제 움직이고, 어떤 작전을 펼치고, 적의 규모는 어느 정도이며, 적이 어느 지역으로 공격할 것인가 하는 전쟁의 기본이라 할 수 있는 정보가 전무하다시피 했다. 결국 이렇다 할 전략이 없는 가운데 워싱턴은 패배를 거듭했고 결정적인 실수를 하는 결정을 내렸다. 그것은 뉴욕 항에 대해 잘 알지 못하는 자신의 측근인 너새니얼 그린(Nathanael Green)을 선봉장으로 임명한 것이었다. 결과는 당연히 패배였다. 다수의 사상자를 기록한 가운데 워싱턴은 롱아일랜드에 남아 있던 군대를 적군이 진격을 멈춘 동안 맨해튼 섬으로 철수시켰다.

맨해튼으로 철수한 워싱턴은 마음을 가다듬고 다시 한 번 그린 장군과 함께 방어할 수 있으리라 믿었다. 워싱턴은 침공이 예상되는 곳마다 중요한 요새를 구축하고 방어에 나섰다(대표적인 것이 맨해튼과 뉴저지 해안 지역 사이 전략 요충지에 구축한 워싱턴 요새와 리 요새였다). 워싱턴은 승리를 할 수 있다고 장담하는 그린 장군을 신뢰했다. 몇몇 보좌관들이 뉴욕을 포기하자고 조언했지만 당시 워싱턴은 그린 장군을 믿고 싶었다. 요새에서 진격한 적 함대를 초전에 박살 낸다는 전략이었지만 독립군의 대포와 무기는 그린과 워싱턴의 마음을 따라가지 못했다. 결국 워싱턴 요새 전투에서만 무려 2,800명이 헤센군에 포로가 되고 수백 명이 죽고 부상당했다. 뒤이은 리 요새 전투 역시 철저한 패배였다. 하지만 맨해튼에서 궁극적인 패배를 당했음에도 독립군은 섬에 상륙한 영국군을 상대로 몇 차례 전투에서 승리하기도 했다. 이 전투는 맨해튼 섬의 삼림이 우거진 곳에서 벌어진 싸움으로, 양쪽 군대가 넓은 개활지에서 대치하는 방식이 아니라 소규모의 게릴라전이었다. 패전을 거듭하는 상황에서도 워싱턴은 영국군이 삼림이 우거진 산악 지역에서는 전투력이 약하다는 것을 배웠다. 또한 전면전보다 게릴라전이 더욱 효과적이라는 것 역시 배웠다.[17)]

뉴욕 전투를 시작하기 전 총 1만 9,000명이던 독립군 병력은 뉴욕을 넘어 뉴저지로 후퇴할 때 약 5,000명으로 줄어들었다. 그동안 사망, 포로, 도망, 거기에다 복무 기한 종료 등으로 병력 수가 급격히 줄었다. 뉴저지로 후퇴하면서 워싱턴은 막연하게 한 가지 기대를 품고 있었다. 그것은 뉴저지에서 새로운 신병들이 독립군에 가담할 것이라는 희망이었다. 하지만 영국군 추격 부대 사령관 찰스 콘월리스(Charles Cornwallis)가 몇 시간 차로 독립군을 추격하는 가운데 뉴저지인들이 독립군에 지원을 하리라 생각한 것은 큰 오산이었다. 뿐만 아니라 뉴욕과 더불어 뉴저지는 13개 식민지 중 영국 충성파들이 가장 많은 지역이었다. 실제로 뉴저지인은 독립군에는 단 30명이 지원했지만 영국군에는 무려 300명이나 지원했다.

이것은 단순하게 보면 독립군에게 너무나 불리한 현상으로 보이지만 궁극적으로는 큰 도움이 되었다. 왜냐하면 영국군 총사령관 윌리엄 하우가 즉시 식민지 민간인은 물론 반란군들에 대한 대대적인 사면 안을 내놓았기 때문이다. 강경한 전쟁보다 온정적인 유화책을 통해 반란 세력을 회유하여 다시 충성스러운 식민으로 만들기를 원했던 하우에게 300명이 영국군에 지원한 것은 너무나 고무적인 일로 보였다. 그래서 누구든지 영국 국왕에게 충성 맹세만 하면 용서받고 다시 충성스러운 식민으로 살아가게 해주겠다고 선포했다. 하우의 사면 안은 초기에는 성공하는 것처럼 보였지만 델라웨어 강 도강 이후 독립군이 다시 뉴저지를 탈환하자 전혀 다른 양상으로 바뀌었다. 영국에 충성을 맹세했던 대부분의 사람들이 독립군에 가담하거나 민병대가 되어 게릴라 전술을 통해 후퇴하는 영국군을 공격했다. 역사는 이를 일명 '사료 전쟁(Forage War)'이라고 부른다.[18]

후퇴하는 독립군의 몰골은 말이 아니었다. 독립군이 뉴저지의 한 마을을 지날 때 이를 본 어느 주민의 말은 꺼져가는 독립의 기운을 설명해준다.

겨울밤은 어둡고 몹시도 추웠다. 비가 내렸고 도로는 질퍽거렸다. 나는 창문으로 그들이 지나가는 모습을 잘 볼 수 있었다. 그들은 도로 양쪽에서 두 줄로 걸어갔는데 마치 넝마 조각을 걸치고 가는 거지 모습 그대로였다. 어떤 사람들은 신발도 없었고 해진 담요를 두르고 걸었다. 많은 사람들이 겨울임에도 불구하고 여름옷을 입고 있었고 그것도 여러 곳이 찢어진 상태였다.[19]

마치 거지와 같은 모습으로 후퇴를 거듭하고 있던 독립군에게 너무나 반가운 소식이 날아들었다. 애초부터 영국군 총사령관 하우의 전쟁 목표는 반란군을 일망타진하는 것이 아니었다. 하우는 지금까지 승리로 충분하다고 생각했다. 그는 이제 3,000명도 채 남지 않은 반란군의 기세는 이미 사그라졌으니 다가오는 겨울은 쉬었다가 봄이 되면 전쟁을 마무리 해도 된다고 생각했다. 하지만 뉴욕에 주둔한 영국군 사령부 부사령관으로 강경파였던 헨리 클린턴(Henry Clinton)은 사령관의 결정에 반대했다. 그는 "전쟁의 목적은 반란군을 분쇄하고 그 수괴를 붙잡는 것"이라면서 "추격의 속도를 높여 워싱턴의 후퇴를 차단하고 델라웨어 강을 건너 그곳에 진을 치면 필라델피아와 대륙회의를 와해시킬 수 있다"고 주장했다.[20] 하지만 하우는 클린턴의 의견에 반대하고 결국 추격하는 콘월리스에게 속도를 늦추라고 명령했다. 콘월리스 역시 휘그당 계열로 사령관 하우의 정책에 적극 동의했다. 추격의 속도를 늦춘 영국군은 뉴저지의 마을을 지나는 곳마다 약탈을 일삼았다. 영국군 상사인 토머스 설리번(Thomas Sullivan)은 "프린스턴에 도착했을 때 우리는 대학 건물로 몰려가 모든 것을 약탈했다. 우리는 귀중한 장식품과 오래된 책들을 나눠 가졌다"라고 쓰고 있다.[21]

영국군의 이러한 약탈은 그때까지 중립적인 자세에 있던 많은 사람들을 독립운동에 가담하도록 만들었다. 영국군의 느긋함 덕분에 워싱턴은 후퇴를 하며 역전을 위한 몇 가지 조치들을 취할 수 있었다. 후퇴 속도를 늦추게 만드는 부상자들을 뉴저지 산악 지역인 모리스타운으로 이동시킨 일과, 프린스턴과 트렌턴을 지나 델라웨어 강에 이르러 독립군이 건널 수 있는 배만 남겨두고 모든 배를 불태우거나 엄폐

된 곳에 감춘 일이었다. 독립군은 후퇴를 거듭하여 12월 7일 마침내 트렌턴 쪽 델라웨어 강 입구의 펜실베이니아 둑으로 도망쳤다. 다음 날 영국의 추격 부대가 트렌턴에 도착했다. 이를 두고 영국 역사가들은 "마치 하우가 워싱턴이 도망하는 데 필요한 시간을 정확히 계산하여 조치를 취해준 것 같다"라고 말했다.[22] 추격 부대는 뉴욕 전투에서 잔인한 공격으로 이름을 떨친 요한 랄(Johann G. Rall)이 이끄는 헤센군을 선봉으로 삼아 워싱턴군을 쫓아 델라웨어 강을 건너고자 했지만 강을 건널 수 있는 배를 단 하나도 찾을 수가 없었다.

독립군의 패배와 영국군의 트렌턴 도착 소식은 근거리에 있는 필라델피아에 공황 상태를 초래했다. 대륙회의는 가장 먼저 볼티모어로 피신했다. 필라델피아 시민들은 당황했다. 더욱이 독립운동을 지지하고 있던 시민들은 어디로 가야 할지, 어떻게 가야 할지를 몰랐다. 피신을 하고 싶었지만 필라델피아의 마차는 대부분 충성파들이 소유하고 있었다. 그들은 도망가기보다 시에 머물면서 빨리 영국군이 오기를 기대했다. 그때쯤 설상가상으로 로드아일랜드가 영국군에 점령당했다는 소식이 날아들었다. 워싱턴은 델라웨어 강둑에서 이런 소식을 들었지만 어떻게 할 수 있는 일이 없었다. 이제 영국군은 물론 많은 독립군들마저 이 전쟁이 곧 영국의 승리로 끝날 것이라 생각했다.

하지만 워싱턴의 생각은 달랐다. 워싱턴은 전투에서는 이길 수도 있고 질 수도 있다고 생각했다. 이는 그가 식민지 시절 버지니아 민병대 대장으로 있을 때 이미 경험한 바였고 대륙군 총사령관으로 임명될 때도 이 생각은 변함이 없었다. 비록 전투에서는 패할 수도 있고 이길 수도 있지만 전쟁은 궁극적으로 이겨야만 이기는 것이었다.[23] 워싱턴은 이것을 잘 알고 있었다. 비록 많은 패배를 겪었지만 워싱턴은 아직 전쟁이 끝나지 않았음을 알고 있었다. 워싱턴은 절망하지 않았다. 그리고 포기하지 않았다. 그는 약 5개월 이상의 연이은 패배 속에서 분명 무엇인가를 얻고 배웠다고 확신했다.

워싱턴은 제대로 된 해군력이 없는 상태에서 세계 최강의 해군력을 자랑하는 영국군을 상대로 뉴욕 항에서 전투를 한 것이 터무니없었다고 생각했다. 그러면서 영국군과 헤센군은 삼림이 우거진 산악 전투와 소규모 게릴라 전투에 취약하다는 것을 떠올렸다. 영국군이 연이은 승전을 하고 뉴욕이라는 최고 도시를 점령했음에도 독립전쟁은 끝나지 않았다. 워싱턴은 바로 여기에서 또 한 가지를 배웠다. 전쟁의 끝은 영국이 뉴욕을 비롯한 아메리카의 여러 도시를 점령한다고 해서 오는 것이 아니라 오로지 자신을 죽이거나 체포해야만 가능하다는 것을 말이다. 이와 더불어 워싱턴은 패배 속에서 작지만 소중한 몇 가지 교훈을 얻었다. 그것은 더 이상 터무니없는 과신을 하지 않아야 한다는 것과, 넓디넓은 뉴욕 항 전체를 방어하고자 전력을 분산시킨 것이 자신의 잘못이었다는 점이었다. 또한 워싱턴은 거의 알 수 없었던 적의 동태가 자신의 패배를 촉진시켰다는 점을 인식했다. 측근인 그린을 선발하여 전초부대에 배치한 것 역시 자신의 잘못임을 깨달았다.

워싱턴이 패배 속에서 얻은 이러한 배움은 꺼져가는 독립전쟁의 불꽃을 되살리게 했을 뿐 아니라 궁극적으로 세계 최강의 군대를 상대로 승리하게 하는 견인차 역할을 했다. 이후부터 워싱턴의 전략은 변했다.[24] 워싱턴은 방어전보다 공격전을 선택했다. 대신에 더 이상 전면전을 하지 않고 가능한 한 적을 산악 지역으로 끌어들여 게릴라전을 구사했다. 정보전을 십분 활용하고 기회가 생기면 전력을 집중 배치하여 기습공격을 가했다. 곧 이은 델라웨어 도강작전은 워싱턴군의 이러한 전략 변화를 잘 보여준다. 그리고 워싱턴은 전쟁의 목표를 바꾸었다. 그것은 바로 전투에서 승리가 아니라 자신과 독립군의 생존이었다. 워싱턴은 이것이 강한 적을 상대로 승리할 수 있는 비결임을 깨달았다.

## 델라웨어 강 도강[25)

그야말로 풍전등하의 위기 속에서 워싱턴은 뭔가를 해야할 시간임을 직감했다. 워싱턴 인생에서 공적으로건 사적으로건 이처럼 처절하게 패배한 적이 없었다. 그는 독립군의 패배가, 아니 자신의 패배가 이제 바닥을 쳤음을 직감했다. 워싱턴은 후에 이때를 "미국의 운명이 걸려 있는 전율의 시기"였다고 토로했다.[26) 아마 워싱턴은 자신의 운명 또한 걸려 있다고 생각했을 것이다. 워싱턴은 비록 그동안은 숨 돌릴 시간조차 없이 연속되는 패배 속에서 도망쳐왔지만 이제 꺼져가는 독립전쟁의 전세를 바꾸고 군사들의 사기를 올려야 할 시기임을 직감했다. 그래서 워싱턴은 델라웨어 강 건너편에 진을 치고 있는 적을 상대로 뭔가를 하고자 했다. 그는 방어가 아니라 공격을 선택했다. 이것은 엄청난 패배 속에서도 절망을 모르는 워싱턴의 투지였고, 불굴의 리더십이었다.

워싱턴은 이전 뉴욕 전투에서는 전혀 활용하지 않았던, 어떤 의미에서 보면 자신의 성격과 잘 어울리지 않는 비밀 정보요원을 운용했다.[27) 워싱턴은 그들로 하여금 강을 건너 적의 동태를 살피게 했고 적의 군사력을 파악하게 했다. 이것은 워싱턴이 작전을 세우는 데 결정적으로 중요한 역할을 했다. 트렌턴 지역은 영국군이 아니라 서로 앙숙인 카를 에밀리우스 폰 도노프(Carl Emilius von Donop) 대령과 요한 랄 대령이 이끄는 헤센군이 주력으로 지키고 있다는 사실이 파악되었다.[28] 이들 헤센군은 트렌턴에 남아 있는 소수의 영국군들과 언어 소통이 잘 되지 않는다는 것, 트렌턴 지역의 영국군 책임자는 멀리 브런즈윅에 있는 비교적 무능한 영국군 장군인 제임스 그랜트(James Grant)라는 것, 그랜트가 트렌턴 지역방어에 위기의식을 느낀 랄 대령의 몇 번에 걸친 영국군 증파 요구를 매번 무시했다는 것, 그래서 랄이 워싱턴 군대의 습격에 대비하여 넓은 델라웨어 강 전체로 분산하여 경계하고 있다는 것, 나아가 무엇보다 중요한 정보로 랄은 철저하게 경계 태세를 유지하고 있다는 것 등 다양한 정보들이 워싱턴에게 날아들었다. 이와 더불어 워싱턴은 이들을 이용해 독립군의 거짓 정보를 흘렸다. 워싱턴은 적에게 자신의 군대가 "그동안 전투에서 너무나 철저하게 패배한 나머지 어떠한 작전도 펼칠 수 없을 뿐 아니라 먹을 것과 입을 것조차 턱없이 부족한 초라한 군대"라는 소문을 퍼트렸다.

워싱턴이 다양한 정보를 통해 뭔가를 구상하고 있을 즈음 그의 구상을 구체화시켜주는 두 가지 일이 동시에 일어났다.

하나는 미지근한 독립운동에 기름을 부은 팸플릿 『상식』으로 유명한 토머스 페인이 12월 19일 꺼져가는 독립운동에 생기를 불어넣는 새로운 글인 『미국의 위기(The American Crisis)』를 발표한 것이다. 당시 페인은 7월 이후 독립군에 자원입대하여 그린 장군의 부관참모로 있었다. 따라서 페인은 패배한 뉴욕 전투뿐 아니라 지금까지 후퇴 과정을 독립군과 줄곧 함께했다. 그러는 동안 페인과 워싱턴은 절친한 사이가 되었다. 페인은 스스로 뭔가를 해야 한다고 느꼈다. 그는 공황 상태에 빠져 있는 필라델피아를 보고 글을 썼다. 그는 서문에 자신의 이름을 쓰지 않고 『상식』의 작가로만 기록했다.

지금은 사람의 영혼을 시험하는 시간입니다. 여름의 군인들과 빛나는 애국심은 그동안 나라를 위해 헌신하다가 크게 위축되어 있습니다. 지금은 위기입니다. 지금 여러분은 모든 사람들의 사랑과 감사를 받을 자격이 있습니다. 지옥과 같은 이 압제 국가는 쉽게 무너지지 않습니다. 우리는 어려움이 심하면 심할수록 승리의 영광이 더 크다는 것에 스스로를 위로해야 합니다. 우리는 너무 값싸게 얻은 것은 너무나 가볍게 취급합니다. … 하느님은 우리가 원하는 것을 어떠한 대가를 치르고 얻어야 하는지를 알고 계십니다. 폭군이 지배하는 영국은 우리에 대한 세금과 그들의 모든 조치가 정당하다고 주장하고 있습니다. … 이제 나는 더 이상 말하고 싶지 않습니다. 우리는 이 겨울을 그냥 보내서도 안 되고 또 그냥 보낼 수도 없습니다.[29]

페인의 『미국의 위기』는 영국이 지옥과 같은 폭군의 나라이고, 지금 미국은 그 지옥으로 떨어질 위기에 있으며, 이 위기를 벗어나기 위해 이제 '우리'는 무엇인가를 해야 한다고 사람들에게 일깨워주었다. 『미국의 위기』는 순식간에 미국 전역으로 퍼져 나갔다. 그만큼 이 팸플릿의 효과는 컸다. 연이은 패배로 절망 속에 있던 사람들은 새로운 생각을 하기 시작했다. 페인의 글은 독립을 위한 새로운 정신을 일깨웠다. 델라웨어 강 도강에 관한 연구로 유명한 데이비드 피셔 (David H. Fisher)의 말처럼 그것은 "단순한 권고를 넘어선 구체적인 행동을 위한 프로그램"이었다. 『미국의 위기』는 자유를 갈망하고 폭군의 지배에서 벗어나기를 원하는 모든 미국인들(의회, 주, 군, 민병대, 상인, 농민, 평범한 시민)에게 이 위기의 순간에 무엇을 해야 하는가에 대한 폭넓은 어젠다였다. 무엇보다 그것은 "군이 다시 일어나 재빨리 행동하라는 하나의 명령"이었다.[30] 델라웨어 강둑에서 『미국의 위기』를 접한 병사들의 반응은 한마디로 폭발적이었다. 피셔는 평소 페인을 못마땅하게 여긴 뉴욕 주 의원 제임스 치트햄(James Cheetham)의 말을 인용했다.

뉴욕 주 의회가 절망에서 벗어났습니다. 9명의 의원들 모두 위기의식에 눈을 뜨고 다시 생기를 얻어 무엇을 해야 하는가를 논의했습니다. 전쟁에 지쳐 군을 떠난 군인들과 민병대들이 다시 군으로 돌아왔습니다. 희망이 절망을 밀어내고 환호의 자신감이 우울함을 밀어내고 단호한 결단력이 우유부단을 밀어냈습니다.[31]

페인이 이 팸플릿을 작성하는 데 워싱턴의 생각이 반영되었는지는 확인되지 않는다. 하지만 뉴욕 전투 이후 패배 과정을 함께했던 페인은 워싱턴과 많은 이야기를 주고받았을 것이라 짐작할 수 있다. 어쨌든 페인의 이 글은 워싱턴이 무엇인가를 준비하는 데 결정적인 도움을 주었다. 『미국의 위기』가 워싱턴에게 행동을 위한 외연적 힘(일종의 정신적 무장)을 강화해주었다면, 이와 거의 동시에 일어난 또 다른 일(의병 활동)은 워싱턴의 구상을 구체화하는 데 큰 도움을 주었다.

영국군과 헤센군이 독립군을 추격하여 뉴저지 주를 가로지를 때 한 약탈은 단순한 것이었다. 하지만 12월 초 이후 델라웨어 강을 사이에 두고 대치를 하는 동안의 약탈은 더 공공연하게 자행되었다. 교통과 통신이 발달되지 않은 시대에 3,000마일 밖에서 군대를 움직일 수 있는 보급품을 제때 공급하기란 그리 쉬운 일이 아니었다.[32] 말하자면 병참이 문제였다. 12월 중순 총사령관 하우는 뉴저지에 주둔하고 있는 모든 부대에 현지에서 식량과 연료를 징수하여 자체 조달하도록 명령했다. 그는 모든 징수품에 대한 목록을 작성하고 이에 대한 정당한 대가를 지불하도록 명령했다.[33] 하지만 뉴저지 일대에서 영국군과 헤센군의 징수는 단순 징수를 넘어섰다. 그것도 식량과 연료에만 국한된 것이 아니라 거의 모든 생활용품으로 확대되었다. 소를 비롯한 가축과 곡식은 기본이고 침대, 담요, 스타킹, 신발, 그릇, 심지어 가구까지 징수해 갔다. 프린스턴에 거주하던 주민인 로버트 로렌스(Robert Lawrence)는 "징수(forage)는 작은 약탈(plunder)이 되고 작은 약탈은 큰 약탈(pillage)이 되고 큰 약탈은 반드시 강간(rape)으로 이어졌다"라고 증언했다.[34]

뉴저지 주민들이 하우에게 항의했지만 하우는 이러한 주장은 미국인들의 선전에 지나지 않는다고 일축해버렸다. 결국 뉴저지인들은 스스로 일어났다. 여기저기에서 소규모로 의병 성격의 민병대가 구성되어 총으로 무장하고 약탈에 눈먼 영국군과 헤센군을 공격했다. 뉴저지와 인근 펜실베이니아 지역 주민들을 중심으로 12월 중순부터 동시다발적으로 발생한 의병 봉기의 주공격 대상은 독립군과 최전방에서 마주하고 있는 트렌턴 지역 주둔 헤센군이었다.[35] 이들 의병은 델라웨어 강둑에 진을 치고 있는 워싱턴 군대와 연락을 주고받았으며, 워싱턴이 요구하는 이상의 일을 했다. 한참이 지난 후 이 지역 헤센군 사령관 중 한 사람인 랄은 거의 매일 자신의 부하들이 공격받고 희생된다는 것을 알았다. 그리고 그는 분명 무슨 일이 일어날 것이라고 짐작한 것 같다. 그래서 그는 브런즈윅에 주둔하고 있던 이 지역 총 책임자인 그랜트 장군에게 구원을 요청했지만 평소 미국인은 물론 헤센인을 무시하고 있던 그랜트는 랄의 요청을 한마디로 거절했다. 그랜트는 "나는 그곳에 군대를 보낼 수 없습니다. 단지 당신과 같은 의견을 가진 우리의 레슬리(Alexander Leslie) 장군을 그곳으로 보낼 것이니 그들에게 휴식을 제공하기 바랍니다"라는 편지를 보냈다.[36] 랄은 할 수 없이 도노프 대령에게 트렌턴의 분위기를 이야기했고 이에 도노프 역시 랄의 의견에 동조하여 뉴저지 남부의 의병을 막기 위해 트렌턴에서 18마일 떨어진 마운트 홀리로 이동했다. 또한 랄 스스로는 남은 자신의 군대로 넓은 델라웨어 강둑을 경계했다. 도노프 군대의 이동과 랄의 경계 강화 소식을 들은 그랜트는 "우리는 지금 너무나 편안합니다. 폐하께서는 가문비나무 술을 내리시어 우리 군에 아낌없이 하사하라고 하셨습니다"라는 편지를 보냈다.[37]

워싱턴은 비밀정보요원들을 통해 랄의 경계 강화와 도노프의 부대 이동 등 트렌턴 지역 적의 상황이 어떻게 진행되는지를 알고 있었다. 페인의 『미국의 위기』로 정신무장이 다시 강해져 거의 매일 봉기하고 있는 의병들의 활동 때문에 비록 강 건너 적들이 무엇인가 위험을 느껴 나름의 조치를 취하고 있지만 워싱턴은 행동해야 할 시간이 다가오고 있음을 직감했다. 비록 워싱턴이 페인의 글과 의병 활동을 직접 기획하고 실행한 것은 아니었지만, 그는 행동해야 할 적기를 포착하는 능력을 가지고 있었다.

그러는 과정에서 워싱턴의 목표는 자연스럽게 정해졌다. 더 이상 워싱턴은 뉴욕 방어와 같이 넓은 지역을 목표로 삼지 않았다. 적은 델라웨어 강을 따라 무려 30마일이나 길게 방어전선을 펼치고 있었는데 그것은 지난 뉴욕 전투에서 자신이 패배한 이유 중 하나였다. 워싱턴은 이것이 독립군에 큰 호재라 생각했다. 더 이상 워싱턴은 대규모 전면전을 생각하지 않았다. 이제 그는 더 구체적인 목표에 집중했다. 그것은 강 건너에 주둔하고 있는 헤센군을 공격하는 것이었다. 공격 목표가 정해지자 구체적인 전략이 문제였다. 12월 22일 저녁 전쟁위원회 회의를 거듭하던 중 펜실베이니아 브리스톨 출신으로 델라웨어 강을 누구보다 잘 아는 워싱턴의 부관 조셉 리드(Joseph Reed)가 아이디어를 담은 편지를 보내 왔다. 그것은 워싱턴과 여러 다른 장교들의 생각과 크게 다르지 않았다. 편지의 핵심은 강을 건너 트렌턴의 적을 공격하는데 가능한 신속하고 과감해야 한다는 것이었다. 또한 현재 적들이 분산되어 있기 때문에 성공할 확률이 더욱 높다는 것과 다시 한 번 신속함이 중요하다는 것이었다.[38] 워싱턴은 리드의 편지를 읽고 모든 것이 분명해짐을 직감했다. 워싱턴은 전쟁위원회에 참가한 장교들에게 절대 비밀 유지를 주문했다.

하지만 워싱턴이 작전을 실행하는 데는 한 가지 걸림돌이 있었다. 그것은 뉴저지 남부 지역의 의병을 방어하기 위해 델라웨어 강 하류에 가 있는 또 다른 혜센군 부대를 이끄는 도노프였다. 만약 트렌턴이 기습받았다는 것을 알면 그는 구원을 하러 달려올 수 있었다. 하지만 이 문제 역시 해결되었다. 도노프가 23일 저녁 마운트 홀리에 갔을 때 그는 한 아름다운 과부의 미모에 빠지고 말았다. 그날 저녁을 보낸 도노프는 크리스마스이브도 크리스마스 날도 그녀와 함께 지내기로 결정했다. 아름다운 여인과 술과 맛있는 음식에 사로잡힌 도노프의 발은 움직일 수가 없었다.[39] 이 소식을 리드가 워싱턴에게 알려 왔다. 같은 날 워싱턴이 잠을 못 이루고 있었을 때 필라델피아에서 의사로 있으면서 독립선언에 서명한 벤저민 러시(Benjamin Rush)가 워싱턴의 본부를 방문했다. 그는 이야기를 하던 중 워싱턴이 책상에서 여러 장의 종이에 무엇인가를 쓰고 있는 것을 보았다. 그중 하나가 우연히 러시의 발 아래로 떨어졌다. 거기에는 "승리 아니면 죽음"이라는 말이 적혀 있었다.[40] 대사를 앞두고 승리에 대한 워싱턴의 단호한 결단력을 보여주는 내용이었다.

이제 작전을 실행할 시간만 남았다. 트렌턴을 오가는 워싱턴의 비밀정보요원들의 정보가 속속 워싱턴에게 도착했다. 이를 바탕으로 워싱턴은 12월 24일 저녁에 다시 전쟁위원회를 소집했다. 그린 장군과 보스턴 전투에서 적의 대포를 포획하는 등 전투 때마다 큰 공을 세운 헨리 녹스(Henry Knox) 대령을 비롯한 워싱턴의 주요 지휘관들이 거의 다 참석했다. 여기에서 작전을 위한 구체적인 계획이 논의되었다. 작전의 핵심은 이러했다.

크리스마스 날, 군이 델라웨어 강을 도강한다. 어둠을 틈타 트렌턴으로 진격한다. 그곳에 주둔한 1,400명의 헤센군 부대를 공격한다. 그리고 곧바로 프린스턴으로 진격하여 영국군을 공격한다.[41]

워싱턴은 이 작전회의에서 자신을 비롯한 주력부대는 트렌턴 시에서 북쪽으로 9마일 떨어진 매콘키 페리를 건너고, 제임스 어윙(James Ewing)이 이끄는 민병대는 트렌턴 시를 향해 바로 건너고, 필라델피아의 또 다른 민병대로 자존심 강한 존 캐드월레이더(John Cadwallader)가 이끄는 부대는 트렌턴 시에서 남쪽으로 약 11마일 떨어진 곳으로 건너고, 마지

막으로 필라델피아에 주둔하고 있는 이스라엘 퍼트넘(Israel Putnam) 장군 부대는 델라웨어 강 하류로 건너서 모두 아침이 되기 전에 트렌턴 시에서 만나기로 했다.[42] 이에 대해 독립군 부사령관 중 한 사람인 호레이쇼 게이츠(Horatio Gates)와 몇몇 의회 의원들은 "너무 지나치게 복잡하고 더욱이 밤에 하는 이 작전은 성공할 확률이 적다"고 말했다.[43] 하지만 사실 이 계획에서 워싱턴의 리더십을 잘 엿볼 수 있다. 그것은 성공을 향한 강한 의지와 결단력이다. 그는 혹시 실패할 경우를 염두에 두고 차선책을 마련했다. 그리고 더 이상 전력을 분산시키지 않고 목표를 향해 집중시켰다.

워싱턴은 작전의 모든 것에 대해 엄격한 비밀 유지에 힘썼지만 적도 비밀정보요원을 운영하고 있었다. 몇몇 영국 스파이가 크리스마스이브의 작전회의를 그랜트 장군에게 알렸다. 그제야 그랜트는 그 소식을 트렌턴에 있는 헤센군 랄 대령에게 알렸다. 그는 "워싱턴이 우리를 공격한다는 소식입니다. 하지만 나는 이 겨울에 그가 전투를 시도하리라 생각지 않습니다. 하지만 이 정보는 정확합니다. 트렌턴에 대한 예상치 못한 공격이 있을 수 있으니 경계를 잘해주십시오"라는 편지를 보냈다.[44] 또한 랄이 운용하던 정보요원들도 그에게 와서 미국군이 곧 트렌턴을 공격할 계획이므로 조심하라는 정보를 주었다. 그렇지 않아도 랄 대령은 민병대 활동이 강화된 이후부터 줄곧 트렌턴의 경계를 강화해왔다. 랄은 부하들에게 크리스마스 일주일 전부터 밤낮을 가리지 않고 델라웨어 강에 설치한 초소에서 특별 경계근무를 서도록 독려했다. 며칠 동안 계속된 이러한 근무는 트렌턴의 헤센 용병들을 극도로 지치게 만들었다. 헤센군 병사들은 돌아가면서 경계근무를 섰지만 경우에 따라서는 3일 이상 연속으로 하는 경우도 있었다. 랄 대령은 어쩔 수 없이 그랜트 장군과 남부에 가 있는 도노프 대령에게 구원을 요청했다. 하지만 두 사람으로부터 아무런 대답을 받지 못했다. 하는 수 없이 랄 대령은 휴일이며 몹시 추운 크리스마스 낮에도 특별 경계근무를 내보냈다. 헤센군은 술은 입에도 대지 않고 부지런히 경계근무에 임했다. 한마디로 랄 대령은 지난 뉴욕 전투에서 소문이 난 것처럼 군인정신이 투철하고 능력이 뛰어난 지휘관이었다.

그러는 동안 워싱턴은 철벽같은 헤센군의 방어벽을 허물 수 있는 기회를 엿보았다. 그는 위장술을 펼쳤다. 며칠 전부터 하루에도 수차례 자신의 군과 민병대로 하여금 먼저 대포를 발사하고 요란스럽게 델라웨어 강 도강을 하도록 했다. 하지만 이 도강은 위장이었다. 강 상류와 하류를 오가며 벌인 이 위장 도강 때문에 방어하는 헤센군은 더욱 지쳐 탈진 상태까지 갔다.[45] 하지만 크리스마스 밤늦은 시간까지 전면

공격은 없었다. 랄 대령은 공격이 있을 것이라 예상한 크리스마스 늦은 밤까지 공격이 없자 한숨 돌리고 부하들과 카드를 하면서 다음과 같이 말했다.

그럼 말도 안 되지. 그 투박하고 무거운 신을 신은 놈들 (clodhoppers: 미국 독립군을 지칭하는 깔보는 의미의 말)은 우리를 공격하지 못할 거야. 올 수 있으면 오라고 그래. 간단히 깔아뭉개 궤멸시켜버릴 테니까.[46]


헤센군의 탈진과 지나친 자신감을 넘어선 시건방짐에 더하여 또 하나의 천재일우가 워싱턴군에 찾아왔다. 12월 25일 크리스마스 날 밤이 깊어가면서 트렌턴의 날씨는 영하로 곤두박질쳤다. 여기에 많은 비와 더불어 거센 바람이 불었다. 헤센군은 드디어 경계근무를 풀었다. 랄 대령은 다음 날 아침 순찰을 취소한다고 말했다. 이런 날씨에 적이 공격하리라 아무도 생각하지 않았다. 하지만 날씨가 추워지고 폭풍우가 불어오자 워싱턴은 조그맣게 쾌재를 불렀다. 그는 이런 날씨야말로 공격을 하는 데 최적이라 생각했다.[47]

크리스마스 날 오후 4시 델라웨어 강둑에 미국군이 모였다. 워싱턴은 이 작전의 성공을 위해 두 가지 원칙을 세웠다. 하나는 시간이고, 다른 하나는 비밀 유지였다. 이는 전면전이 아닌 소규모 기습작전에 필수적인 성공 요소였다. 시간을 그렇게 강조했음에도 자꾸만 늦어졌다. 시간을 늦추는 요인들은 너무나 많았다. 수십 문의 대포와 2,400명의 군인이 큰 얼음 조각이 떠다니는 강을 건너야 했다. 그들은 잠을 자지 않은 채 트렌턴까지 험악한 길을 9마일이나 이동해야 했다. 또 자정을 넘어서자 트렌턴의 기온은 더더욱 곤두박질쳤고 눈보라까지 몰아치기 시작했다. 워싱턴은 해가 뜨기 전 새벽 4시경에 트렌턴에 도착해 공격을 하려고 했지만 4시간이나 지연되었다. 어쩔 수 없는 일이었다. 워싱턴은 최전방에서 병사들에게 "제군들, 서둘러라. 서둘러"라고 독려했다. 비밀 유지를 위해 워싱턴은 도강을 하기 전 먼저 소규모 전초부대를 보내 트렌턴 주위로 통하는 모든 통신을 끊기 위해 사람들의 통행을 차단했다.

12월 26일 아침 8시, 이날의 온도는 전날보다 조금 올라갔다. 태양이 떠야 할 시간이지만 짙은 안개와 진눈깨비로 한 치 앞도 시야가 확보되지 않았다. 독립군은 소리를 죽인 채 헤센군이 자고 있는 막사로 다가갔다. 그리고 공격이 시작되었다. 워싱턴은 총사령관이었지만 병사들과 함께 총과 칼을 들고 헤센군을 공격했다. 그는 늘 병사들과 함께 말 위에서 식사를 하고 전투 도중 말 위에서 회의를 했다. 병사들은 지쳤지만 총사령관이 솔선수범하는 모습과 진정 어린 인간적인 면모에 더욱 사기가 올랐다. 이 공격으로 헤센군은 약 200명이 죽거나 부상당했다. 그리고 948명이 포로로 잡혔다. 헤센군 사령관 랄 대령은 전사했다. 워싱턴은 서둘러 트렌턴을 빠져나와 델라웨어 강을 다시 건너 펜실베이니아로 돌아왔다. 이것은 워싱턴 군대의 최초 공격전이었다. 그리고 전면전이 아니라 기습전으로 거둔 최초의 진정한 승리였다. 이후부터 워싱턴의 전투는 거의 이런 식으로 이루어졌다.

이 소식을 접한 영국 사령부는 기겁했다. 서로에게 책임 떠넘기고 있을 때 워싱턴 군대는 이틀을 쉬고 난 후 29일에 제2차 트렌턴 도강을 감행했다. 남아 있는 헤센군을 무찌르고 프린스턴을 탈환하기 위함이었다. 워싱턴 군대가 프린스턴으로 행진하던 1월 1일 영국 사령부는 콘월리스 장군을 트렌턴으로 급파했다. 워싱턴과 콘월리스는 델라웨어 강 지류로 트렌턴 시를 가로지르는 아순피크 강을 사이에 두고 남북으로 대치했다. 수차례 대포를 통한 공방전이 오갔지만 추운 겨울의 아순피크는 콘월리스의 진격을 쉽게 허용하지 않았다. 밤이 되자 콘월리스는 다음 날 아침이 밝으면 전면전을 펼쳐 워싱턴 군대를 쳐부수고자 마음먹었다. 그리고 영국군과 미국군 모두 전쟁위원회가 열렸다. 영국군 전쟁위원회는 귀족 출신인 소수의 장군들만 참여했다. 그들은 사령관 콘월리스가 미리 결정한 내용을 추인만 했다. 여기에는 그 어떤 반대 의견도 없었다. 반면 미국군 전쟁위원회에는 주요 지휘관들이 다 참석했다. 또 트렌턴과 프린스턴 지역 출신의 평범한 지역 시민들까지 참여했다. 그 과정에서 다양한 의견들이 수렴되었다. 총사령관 워싱턴은 단지 회의만 이끌 뿐이었다. 여기서 워싱턴의 소통의 리더십을 확인할 수 있다.

날이 밝으면 분명 전면전을 해야 하는데 영국군에 비해 병사 수가 5 대 1로 부족한 상황에서 과연 어떤 선택을 해야 바람직할 것일까? 워싱턴은 고민했다. 그때 평소 말없이 자신의 임무에 충실하던 아서 클레어(Arthur St. Clair) 준장이 "만약 우리 군이 눈에 띄지 않고 방해를 받지 않는다면 바로 프린스턴을 향해 북쪽으로 진격할 수 있습니다"라고 말했다.[48]

도망 성격이 짙은 이 제안에 약간 논란이 있었지만 지역 전문가인 조셉 리드와 여러 사람들이 거기에 찬성했다. 워싱턴은 미국군이 아순피크 남쪽에 머물러 있는 것처럼 보이도록 적을 교란시키기 위해 소수의 인원만 남기고 부대를 프린스턴으로 향하게 했다. 그리고 1월 2일 새벽 프린스턴에 주둔하고 있는 영국군을 기습 공격했다. 이 공격으로 영국군은 450명의 사상자가 났다. 반면 미국군은 2명만 이동 중 부상을 당했을 뿐이었다. 날이 밝자 미국군이 사라진 것을 알게 된 콘월리스는 서둘러 프린스턴으로 향했다. 하지만 영국

군이 도착할 무렵 워싱턴은 뉴저지 산악 지대인 모리스타운
으로 향하고 있었다.

절망의 나락에서 델라웨어 도강작전으로 시작된 트렌턴
과 프린스턴 전투에서 거둔 승리는 독립군들은 물론 미국인
들 대부분에게 새로운 희망을 주었다. 반면 영국은 주력부대
가 움직이면 식민지인들이 영국군을 돕기 위해 모여들 것이
라 생각했지만 그런 일은 일어나지 않았다. 따라서 영국에
이 전투의 결과는 전쟁이 장기화될 것이고 그만큼 위험성이
커진다는 것을 의미했다.


## 브랜디와인 전투, 게르만타운 전투, 필라델피아 함락

워싱턴은 모리스타운에서 겨울을 보내면서 군을 다시 정
비하고 지원병들을 모집했다. 트렌턴과 프린스턴 전투에서
패배로 영국은 식민지 전쟁에 임하는 기본 전략을 변경하지
않을 수 없었다. 영국의 존 버고인(John Burgoyne) 장군은 허
드슨 강을 경계로 식민지의 남과 북을 갈라놓는 전략으로
뉴잉글랜드 지역을 고립시킬 수 있다고 조지 3세와 그의 위
정자들을 확신시켰다. 이 계획을 실행하기 위해서는 그때 뉴
욕에 있던 사령관 윌리엄 하우 장군이 북쪽으로 이동하여

올버니에서 버고인 장군을 만나야만 했다. 하지만 버고인도, 영국 정부의 그 어떤 사람도, 하우에게 이 계획에 대해 말하지 않았다. 그러는 동안 하우는 북쪽이 아니라 남쪽으로 이동하여 식민지 수도 필라델피아를 점령하는 자신의 전략을 구상했다. 만약 버고인의 계획대로 하우가 북쪽으로 이동하여 뉴잉글랜드를 고립하는 전략을 구사했다면 전쟁의 양상은 달라질 수도 있었을 것이다.

1777년 7월 말에 하우는 1만 7,000명의 병사, 수천 마리의 말, 각종 무기 등을 267척의 배에다 싣고 뉴욕 항을 떠났다. 모리스타운 산악 지역에서 적의 움직임을 지켜보던 워싱턴은 처음에는 하우의 군대가 어디를 공격 대상으로 삼고 움직이는지 정확히 알 수가 없었다. 일시적으로 워싱턴은 자신의 군을 북쪽으로 이동시켜 게이츠 장군을 도울 것인가, 아니면 하우를 따라 이동할 것인가 딜레마에 빠졌다. 영국군 총사령관 하우의 동생으로 해군 제독인 리처드 하우가 미국군에게 혼란을 주기 위해 펼친 교란작전에도 불구하고, 7월 29일이 되자 워싱턴은 영국군이 필라델피아를 목적지로 삼고 있다는 사실을 알았다. 그러나 영국군은 필라델피아에 곧바로 상륙하지 않고 메릴랜드 남쪽 60마일 부근에서 대기했다. 이 사실을 안 워싱턴은 다시 소집된 1만 1,000명의 병사들을 이끌고 하우와 대적하기 위해 근처 윌밍턴으로 이동했다. 지난 뉴욕 전투 이후 워싱턴은 다시는 바다나 강에서는 영국군과 전투를 벌이지 않으리라 생각했지만 수도 필라델피아가 위협을 받고 있는 상황에서 다른 생각을 할 수는 없었다.

워싱턴 군대는 영국군과 대치하면서 덥고 악취가 진동하는 배 위에서 5주 동안을 지내며 몹시 지쳐갔다. 워싱턴은 전면전을 피하고 치고 빠지는 소규모의 기습 전술로 영국군을 괴롭혔다. 이윽고 워싱턴은 육지로 상륙하여 브랜디와인 크리크에서 진을 치기로 결정했다. 그는 그곳에서 필라델피아를 방어할 수 있다고 대륙회의를 안심시켰지만 워싱턴의 목적이 진심으로 그것이었는지는 알 수 없다.

추측해보건대 아마 워싱턴의 첫 번째 목적은 하우가 버고인 장군과 병력을 합치기 위해 북부로 이동하는 것을 막으려는 데 있지 않았나 여겨진다. 두 번째 목적은 영국군과 지루하게 대치함으로써 그 기간 동안 프랑스로부터 화약과 무기를 원조받을 수 있는 시간을 벌고자 했던 것이 분명하다.[49] 세 번째 목적으로 그는 철공소와 무기 공장이 있는 필라델피아 근처 도시인 리딩이 영국군에 넘어가지 않기를 바랐던 것으로 보인다. 반면 하우는 자신이 필라델피아를 공격함으로써 워싱턴이 반드시 수도를 방어할 것이고, 그러면 손쉽게 미국군을 분쇄하고 전쟁을 끝낼 수 있을 것이라 기대했던 것이 분명하다. 하지만 워싱턴은 비록 수도가 적에게 넘어가더라도 전쟁은 끝나지 않을 것이며, 오히려 그것이 미국군에 유리하게 작용할 수 있으리라 생각했다. 왜냐하면 일반적으로 전쟁에서 수도를 점령하면 승패가 결정 나는 것으로 여겨졌고 하우 역시 이것을 당연하게 여겼기 때문이다. 워싱턴은 연이은 패배를 하던 지난 뉴욕 전투에서 이미 어떤 전투에서 패배하더라도 자신과 자신이 이끄는 주력부대가 적에게 완전히 패배하지 않는 한 전쟁은 끝나지 않는다는 사실을 깊이 인식하고 있었다.

브랜디와인에서 하우와 콘월리스는 뉴욕 전투 가운데 하나였던 롱아일랜드 전투에서 사용한 전술인 측면 공격을 선택하여 공격에 나섰다. 이에 영국군보다 수적으로 불리한 미국군은 상당히 후퇴하지 않을 수 없었다. 독립군의 패배는 어찌 보면 당연한 것인지 모른다. 그들은 정규군으로서 제대로 된 훈련 한 번 받지 못했을 뿐 아니라 가진 무기 역시 영국군과 헤센군에 비해 형편없었다. 비록 이 전투에서 패배했지만 미국군은 큰 피해를 입지 않았다. 위치가 공격해 오는 영국군과 멀리 떨어져 있었고 또 워싱턴이 더 이상 전면전 상태로 전투를 하지 않으려 했기 때문에, 단지 영국군이 필라델피아로 입성할 수 있는 길만 열어주었을 뿐이었다. 멀리서 수도가 적의 손아귀에 넘어가는 것을 보고도 워싱턴과 미국군은 특별한 대책을 세울 수가 없었다.

3주 후 재정비를 끝낸 워싱턴은 반격 준비를 했다. 수도를 점령한 영국군 대부분은 대도시의 편안함을 즐기고 있었다. 하지만 하우가 이끄는 약 5,000명의 영국군은 미국군의 공격에 대비하여 필라델피아 북쪽 게르만타운에 진을 치고 있었다. 그런데 하우는 적을 경멸하는 의미로 그 어떤 보루도 세우지 않았다. 이 사실을 안 워싱턴은 이번에도 트렌턴 전투 이상의 승리를 거둘 수 있으리라 확신하고 어둠을 틈타 영국군을 공격했다. 10월 3일 새벽 짙은 안개와 어둠이 깔린 가운데 미국군은 영국군이 허술하게 진을 치고 있는 게르만타운으로 진격해 들어갔다. 특별한 전투도 없이 게르만타운에 도착한 워싱턴은 그곳에 흩어져 있는 영국군의 대포, 빈 천막, 그리고 자질구레한 물건들을 보고 다시 한 번 승리를 떠올렸다. 사기가 충천한 워싱턴은 선두로 나가고자 했다. 그때 상황이 돌변했다. 선발부대로 나선 그린 장군의 병사들은 물론 자신이 지휘하는 병사들도 도망가기에 바빴다. 워싱턴은 도망가는 병사들을 크게 나무랐으나, 이내 병사들에게 탄약이 없을 뿐 아니라 숨어 있던 영국군이 일제히 공격해 오고 있기 때문이라는 사실을 알게 되었다.

브랜디와인과 게르만타운의 전투는 미국군의 분명한 패배였다. 이로 인해 수도 필라델피아가 적의 손에 넘어갔다.

결국 대륙회의의 여러 의원들과 워싱턴을 질투한 게이츠 장군 등은 워싱턴은 자질이 턱없이 부족하므로 총사령관을 바꾸어야 한다며 목소리를 높였다. 하지만 하우를 비롯한 영국 장군들과 미국 독립전쟁의 전황을 면밀히 지켜보고 있던 프랑스인들은 비록 패배했지만 훈련도 받지 못하고 탄약도 부족하고 그야말로 오합지졸에 불과한 독립군이 정규군을 상대로 그토록 효과적으로 전투를 치를 수 있었던 사실에 주목했다. 영국군은 적의 수도 필라델피아를 점령했으나 전쟁 양상에는 별다른 변화가 없었고, 오히려 적의 수도를 점령했다는 생각에 안주하여 독립군에 대한 효과적인 공격을 하지 못하는 상태로 있었다. 얼마 후 결국 자의반 타의반으로 영국군 총사령관 하우는 사임을 하고 본국으로 돌아갔다.


## 새러토가 전투와 그 결과

허드슨 강을 경계로 독립군을 둘로 나누고자 했던 버고인의 전략은 하우가 필라델피아로 진격함으로 실현되지 않았다. 결국 북에서 혼자 싸울 수밖에 없었던 버고인은 캐나다에서 전투 준비를 마치고 북부 지역에 파견되어 있는 독립군들을 쳐부수기 위해 허드슨 강 상류 지역으로 남진했다.

능력 있는 배리 레저(Barry Leger) 대령의 도움으로 버고인은 허드슨 강 상류에 위치한 타이콘데로가 요새를 점령하여 북부 지역 독립군의 많은 탄약과 보급품을 빼앗았다. 초기 승리에 고무된 버고인은 적의 동태도 살피지 않고 계속 남진하여 독립군이 매복하고 있는 곳까지 진격해 갔다.

대륙회의는 타이콘데로가 전투의 패배는 필립 스카일러(Philip Schuyler: 알렉산더 해밀턴의 장인이며 대륙회의 의원으로 있다가 장군으로 전투에 참여했다) 장군의 태만으로 인한 것이라고 고발한 게이츠 장군의 의견을 받아들이고 게이츠를 북부군 사령관으로 임명했다. 게이츠가 사령관이 될 무렵 베네딕트 아널드(Benedict Arnold) 장군이 이끄는 독립군이 버고인의 영국군을 허드슨 강가의 울창한 숲 속으로 유인하여 무차별 공격을 가했다. 몇 차례에 걸친 전투에서 공방을 주고받았지만 1777년 9월에서 10월에 걸쳐 벌어진 새러토가 전투에서 게이츠와 아널드가 지휘하는 독립군이 영국군을 상대로 크게 승리했다. 독립군은 100여 명의 사상자를 낸 반면 영국군은 1,000명 이상의 사상자를 냈으며 영국군, 캐나다 동맹군, 이로쿼이 인디언군을 합하여 총 6,400여 명이 포로로 잡혔다.[50]

이 승리는 독립전쟁을 시작한 이후 가장 큰 승리였다. 그럼에도 미국 독립전쟁을 다루는 대부분의 역사서에서는 새러토가 전투가 축소되거나 아예 언급조차 되지 않는 경우가 많다. 아마 거의가 워싱턴에게 초점을 맞추어 서술하고자 했기 때문이 아닌가 생각한다. 이와 더불어 승리의 주역인 두 장군이 궁극적으로 독립군과 워싱턴을 배반한 인물이었기 때문이 아닌가 싶다.[51]

게이츠는 새러토가 전투 승리의 전과를 거의 독차지했다. 이제 그는 노골적으로 워싱턴을 무시했다. 그는 전투 상황에 대해 총사령관 워싱턴에게 전혀 보고도 하지 않고 직접 대륙회의에 알렸다. 또한 워싱턴이 필라델피아 전황의 어려움으로 지원병을 요청했지만 이를 무시하고 이전에 워싱턴이 지원병으로 보내준 병력마저 원대 복귀시키지 않았다. 새러토가 전투 승리로 의기양양해진 게이츠는 대륙회의에 있는 자신의 몇몇 친구들에게 대놓고 워싱턴의 능력을 문제 삼으면서 그를 총사령관직에서 물러나게 해야 한다고 주장했다.

당시 워싱턴은 게르만타운 전투 패배 이후 헤아릴 수 없는 비난을 받고 있었다. 더욱이 북쪽에서 들려온 게이츠의 승리 소식은 워싱턴에 대한 비난의 강도를 더해주는 결과를 낳았다. 때를 맞추어 처음부터 워싱턴이 총사령관이 되는 것을 몹시 싫어했던 아일랜드계 프랑스 장군 토머스 콘웨이(Thomas Conway)는 무능한 워싱턴을 해임해야 한다고 공공연하게 떠들었다. 콘웨이는 워싱턴은 무능할 뿐 아니라 대륙회의의 전쟁위원회 명령을 수시로 위반했다고 거짓 고발까지 했다. 콘웨이의 이러한 비난에는 워싱턴을 해임하고 대신 게이츠를 총사령관에 임명해야 한다는 직접적인 거론은 없었지만 그 의도는 분명했다. 그러나 존 애덤스 등이 주도하는 대륙회의 의원들의 생각은 신중했다. 그들은 워싱턴을 총사령관으로 선출한 이유를 생각했다. 그것은 워싱턴이 장군으로서 뛰어난 능력보다 믿을 수 있는 인격을 소유했기 때문이었다는 점을 기억했다.

새러토가 전투는 전투 내용보다 그것이 가져다준 결과가 더욱 중요하고 더 많이 알려졌다. 그동안 직접 도움을 주는 것에 대해 망설였던 프랑스가 새러토가 전투의 승리를 보고 드디어 미국을 국가로 인정하고 전쟁에 개입할 것을 선언한 것이다. 사실 미국이 독립을 선언하기 이전에도 프랑스의 루이 16세 정권 관리들은 식민지를 돕는 방법을 강구해왔다. 물론 그것은 군주국인 프랑스가 공화국의 대의를 좋아해서라기보다 오랜 적인 영국을 괴롭히려는 의도가 더 강했다. 미국혁명 초기에 프랑스는 여러 전쟁 물자를 은밀하게 미국 독립군들에게 보냈는데, 프랑스의 이러한 도움이 가능했던 것은 18세기에는 상상도 할 수 없었던 유령회사의 운영과 비밀요원들의 활동 덕분이었다. 하지만 미국 외교관으로 활동하고 있던 벤저민 프랭클린이 프랑스에 미국의 독립 승인이나 완전한 군사적 동맹을 요구하자 프랑스는 주저했다. 승패를 알 수 없는 공화국 운동에 잘못 개입했다가는 적지 않은 손해를 볼 수 있다는 생각을 했기 때문이었다.

그러나 새러토가 전투에서 승리는 독립군(반란군: 영국 입장에서 사용한 용어지만 프랑스 역시 같은 용어를 사용하기도 했다) 이 거뜬히 영국을 대적할 수 있는 힘을 가졌으며 원하는 독립을 성취할 수 있다는 확신을 프랑스에 심어주었다. 이즈음 영국 수상인 프레더릭 노스(Frederick North) 역시 프랑스와 비슷한 결론에 도달했다. 1778년 4월 노스는 미국에 평화위원회를 보내 너무 크게 확대된 전쟁 양상을 바꾸고자 했다. 노스는 프레더릭 하워드 칼라일(Frederick Howard Carlisle)이 대표하는 이 위원회에 "정당하고 적법한 단체로 인정한"대륙회의와 협상을 하도록 권한을 주었다. 평화위원회는 만약 식민지인들이 독립에 대한 그들의 요구를 포기하면 영국은 모든 상황을 1763년 이전으로 돌릴 수 있다고 말했다. 그러면서 위원회는 미국인들은 스스로 동의한 세금만 거둘 수 있고 자신들이 총독을 선출할 수 있으며 심지어 평화가 보장되면 영국 군대를 철수하겠다는 제안까지 했다. 이러한 제안이 1776년 이전에 나왔다면 상당한 힘을 받았을 것이다. 때는 이미 너무 늦었다. 오히려 이러한 제안은 독립에 대한 미국의 의지를 더욱 강화시켰을 뿐이고 대륙회의는 궁극적으로 칼라일의 제안을 거절했다.

파리에서 프랭클린은 아직도 머뭇거리는 프랑스를 설득하기 위해 명민하게 움직였다. 프랑스 관리들과의 회담에서 프랭클린은 미국이 영국의 평화협상을 받아들일 수 있다고 말했다. 만약 프랑스가 미국이 독립전쟁을 계속하기를 바라고 또 오래된 숙적을 진정으로 괴롭히기를 원한다면 프랑스는 영국이 정말 성사되지 않기를 원하는 일을 해야 한다고 주장했다. 그것은 미국을 독립국가로 인정하는 것이었다. 이내 프랭클린의 전략은 효력을 나타냈다. 급해진 프랑스는 미국 대표들에게 두 가지 조약을 제시했다. 하나는 '우호통상조약(Treaty of Amity and Commerce)'으로 프랑스와 미국 사이에 통상 관계를 시작하는 것이었다. 이것은 새로운 독립 공화국을 인정한다는 암시였다. 다른 하나는 '동맹조약(Treaty of Alliance)'이었다. 이것은 프랑스가 미국이 군사적·경제적으로 약한 상태에 있다는 것을 인정하고 이를 노골적으로 지원하겠다는 뜻이었다.

프랑스는 미국과의 동맹을 맺음으로써 결국 7년 전쟁 이후 체결한 영국과의 휴전협정을 파기하게 되었고 다시 영국과 전쟁에 돌입하게 되었다. 미국과의 동맹조약 조건은 미국이 전쟁을 끝내고 공식적으로 독립을 인정받을 때까지였다. 이 조약으로 미국에게 더욱 놀라운 성과는 미시시피 강

서부에 있는 프랑스 영토의 상당 부분을 포기한다는 것이었다. 이에 프랭클린과 미국 대표들은 새로운 동맹국인 프랑스에 먼저 알리지 않고서는 영국과 그 어떤 조약도 하지 않겠다고 서약했다. 프랭클린은 사실상 여전히 독립전쟁의 승패가 불분명한 가운데 이루어진 이 협상에서 거둔 성과에 스스로도 "마법"과 같은 일이라 생각했다. 프랑스의 전쟁 개입은 즉각 영국의 군사 전략을 변화시키는 계기가 되었다. 단순한 식민지 반란이 갑자기 세계적인 전쟁으로 바뀌었다. 프랑스의 침입에 대비하여 영국은 수많은 병력과 새로 건조한 전함들을 영국해협에 배치했다.

## 포지 계곡의 의미

만약 하우가 게르만타운 전투의 여세를 몰아 미국 독립군을 추적하여 공격했다면 아마 전쟁의 양상은 크게 달라졌을 것이고, 어쩌면 영국의 승리로 끝났을지 모른다. 하지만 하우와 그의 부하들은 대도시 필라델피아의 편안함을 즐기는 쪽을 선택했다. 그들은 식민지의 수도이자 가장 큰 도시가 그들 손아귀에 있는 상황에서 식민지인들이 패배를 인정하고 항복하는 것은 시간문제일 뿐이라고 생각했다.

수도 필라델피아가 점령당한 이후 워싱턴은 영국의 막강한 화력 앞에서 수도 탈환에 대한 이렇다 할 작전을 펼치지 못하고 인근 포지 계곡(Valley Forge)에 진을 쳤다. 이 시기 미국군의 사기는 바닥이었다. 심지어 독립을 위한 대의에 대중들의 지지도마저 크게 쇠퇴하고 있었다. 총사령관 워싱턴은 더 많은 군인, 돈, 물자 등이 필요했지만 의사결정은 각 주정부(州政府)의 손에 달려 있었기 때문에 대륙회의는 워싱턴의 요구에 아무런 조치를 취해주지 못하고 있었다. 이 시기에 워싱턴을 비롯한 다수 장교들은 사재를 털어 필요한 물자를 조달했다.

일반적으로 포지 계곡 주둔은 굶주림, 혹한, 그리고 떨어진 사기 등으로 독립전쟁에서 가장 힘든 시기로 언급되고 있다. 실제로 궁핍한 생활은 약 2개월 동안 계속되었다.

형편없는 음식, 딱딱한 잠자리, 추운 날씨, 피로, 불결한 의복, 더러운 주방, 각종 오물로 인하여 모든 감각은 그 기능을 잃어버렸다. 죽어도 이런 생활은 더 이상 할 수 없다. 비참하기 그지없는 생활이다. 쇠고기 죽이 나오지만 타다 남은 나뭇잎과 먼지가 잔뜩 들어 있어 보기만 해도 역겨워서 아무리 비위가 강한 사람이라도 먹을 수 없다. …

병사들을 보면 다 떨어진 신발 사이로 발가락이 보이고, 한

켤레밖에 없는 긴 양말은 다 해져서 신으면 뒤꿈치가 훤히 드러나며, 바지 역시 떨어져 맨살이 보일 정도고, 셔츠는 그저 몇 가닥 줄만 남아 있다. 머리카락은 수세미같이 헝클어지고 얼굴은 바싹 말랐다. … 이런 몰골을 한 병사가 비참함과 절망감에 가득 차 울부짖는다. 온몸이 아프고 발은 절룩거리며 다리는 따끔따끔하고 전신이 가려워 고통스럽다. … 내가 받게 될 보상은 도대체 무엇이란 말인가?[52]

하지만 새해가 되자 대륙회의의 지원이 나오고 워싱턴과 장교들이 자발적으로 사재를 추렴한 결과 고통스러운 의식주 문제가 해결되었다. 당시 영국군은 대도시 필라델피아의 화려함을 즐기느라 반란과 반란을 진압하는 일에는 관심이 없는 것으로 보였다. 그 결과 미국군에는 신병들이 늘어났고 그들과 함께 이전에 입대한 긴급 소집병들도 체계적인 군사훈련을 받아 영국군 못지않은 정규군으로 탈바꿈할 수 있었다. 말하자면 새로운 미국군의 탄생이 이루어졌다. 워싱턴은 군에 대해 세 가지 개혁 조치를 시행했다. 하나는 각 식민지 출신 군인들과 다양한 직업·학력의 군인들을 고루 분산하여 하나의 국민성을 지니는 미국군으로 재편했다. 이는 그동안 다소 문제가 되었던 지역성을 극복하고 하나로 통합된 의식을 고취해주었다. 다른 하나는 감찰관 제도와 새로운 통신수

단 등을 도입하여 영국과는 다른 군 명령 체계를 만들었다. 가장 중요한 것으로 전쟁 초기부터 필요하다고 느꼈고 또 게르만타운 전투에서 패배한 이유라고 생각한 병사들에 대한 훈련 시스템을 도입했다. 1778년 2월 라파예트(Lafayette)[53]와 제퍼슨의 노력으로 독일의 슈토이벤(Steuben) 남작이 훈련 교관으로 포지 계곡으로 와서 병사들의 훈련을 담당했다. 훈련과 예행연습에 전혀 참여하지 않는 영국군 장교들과는 달리 슈토이벤 남작은 병사는 물론 장교들까지 철저하게 훈련시켰다. 어느 소규모 전투부대가 훈련을 마치면 그 부대가 다시 다른 부대를 훈련시키는 방식을 택했다. 훈련을 시작한 지 3개월이 지나자 유능한 전투병으로 완전히 탈바꿈했다. 이는 궁극적으로 독립전쟁의 결과를 뒤바꾸어놓았다.

그동안 적의 수도만 점령하고 있으면 전쟁은 끝날 것이라 여겼던 영국군에게 미국군의 괄목할 만한 탈바꿈은 큰 놀라움으로 다가왔다. 이제야 그들은 필라델피아나 뉴욕과 같은 대도시를 점령했다고 해서 적을 쳐부술 수 없다는 사실을 알았다. 결국 영국군은 필라델피아를 버리고 뉴욕으로 철수했다. 철수하는 과정에서 영국군은 먼모스라는 곳에서 잠복해 있던 대륙군에 크게 당했다. 이 전투는 비록 소규모 전투였지만 새롭게 탈바꿈한 대륙군의 전투 능력을 십분 발휘한 전투였다. 이 전투를 통해 워싱턴과 미국군은 게릴라전의 효과를 다시 한 번 확인했다. 서둘러 뉴욕으로 후퇴한 영국군은 이제 영국 이상의 해군력을 갖춘 프랑스군과 강한 정규군이 된 미국군을 방어해야 하는 처지로 전락해버렸다.

## 마지막 전투: 사우스캐롤라이나 전투와 요크타운 전투[54]

비록 필라델피아를 점령했지만 사실상 아무런 성과를 거두지 못한 하우는 영국군 총사령관직을 헨리 클린턴 장군에게 넘기지 않을 수가 없었다. 클린턴은 상관들에게는 상상력 풍부한 창의적인 장군으로 인식되었지만 부하들에게는 전혀 그렇지 않았다. 그는 자주 화를 냈고 자신이 내린 결정에 대해 확신을 하지 못하는 경우가 많았다. 그가 영국군 총사령관이 되었을 때 그의 단호한 자신감이 갑자기 사라졌다. 아마 실패를 두려워했기 때문인지 모르지만 어쨌든 그는 하우나 게이지보다 뛰어나지는 못했다.

군사 전략가들은 전쟁에서 영국이 승리하기 위한 마지막 기회는 독립전쟁에 적극 가담하지 않고 있는 남부 식민지를 점령하는 것이라 판단했다. 이즈음 런던에 조지아와 사우스캐롤라이나가 영국과 국왕에게 충성하는 충성파들이 가장 많이 살고 있다는 정보가 날아들었다. 결국 뉴욕으로 후퇴한 후 한동안 소강상태에 빠진 전투는 1780년 봄이 되어서야 미국 남부 지역에서 다시 시작되었다. 사우스캐롤라이나의 해안 도시 사바나를 함락하자 클린턴은 만약 영국이 찰스타운을 점령한다면 남부 지역 전체를 통제할 수 있으리라 생각했다. 뉴욕으로부터 대함대를 타고 내려온 약 8,000명의 영국군이 찰스타운 인근으로 진격했다. 다급해진 시민들은 벤저민 링컨(Benjamin Lincoln) 장군의 지휘 아래 보루를 세우고 방비를 했지만 결국 실패했다. 5월 12일 링컨 휘하의 미국군 6,000명이 항복함으로써 찰스타운이 점령되었다. 이 패배 소식에 대륙회의 의원들은 놀라지 않을 수 없었다. 너무 당황한 대륙회의 의원들은 그 어떤 준비도 하지 않고 심지어 총사령관 워싱턴과 상의도 없이 새러토가 전투의 영웅 게이츠를 남부군 총사령관으로 임명하여 파견했다. 드디어 대륙회의가 자신의 진가를 인정했다는 생각에 우쭐해진 게이츠 역시 아무 준비 없이 전투에 임했고 처절하게 패배했다. 영국군 부사령관 콘월리스는 8월 16일 캠던에서 미국군 약 750명을 죽이고 수천 명을 포로로 잡고 또 많은 보급품을 빼앗는 큰 승리를 이끌었다. 하지만 콘월리스에게 돌아간 행운은 거기까지였다. 만약 여러 지역에서 영국군이 승리를 하면 영국에 충성할 것이라 여겼던 충성파들이 영국 정규군에 가담하기는커녕 남부 지역 여러 곳을 돌아다니면서 민간인을 상대로 약탈을 일삼았다. 영국 충성파들의 이러한 행위는 더 많은 신병들이 독립군으로 모여들게 했으며 충성파에 대한 애국파의 철저한 보복을 불러왔다.

게이츠를 대신하여 파견된 워싱턴의 뛰어난 참모인 그린 장군은 유명한 버지니아 소총병들을 지휘하고 있던 대니얼 모건(Daniel Morgan)의 지원을 받아 전면전을 피하면서 소규모 전투로 콘월리스의 영국군에 적지 않은 타격을 주었다. 그린 장군은 1781년 1월 17일 사우스캐롤라이나의 카우펜스 전투에서, 그리고 3월 15일 노스캐롤라이나의 길포드 전투에서 콘월리스의 군대에 큰 타격을 가했다. 예상보다 너무 큰 타격을 입은 콘월리스는 사우스캐롤라이나를 포기하기로 결정하고 보급품을 수령한 뒤 남부 지역에서 가장 적대적인 버지니아를 침공하기 위해 북쪽으로 이동했다. 그는 버지니아 담배시장으로 유명한 요크 강과 제임스 강 사이의 반도에 위치한 해안 도시 요크타운에 기지를 구축했다.

워싱턴은 먼발치서 영국군의 움직임을 면밀히 주시했다. 워싱턴은 콘월리스의 영국군이 드디어 실수했다는 것을 직감했다. 워싱턴은 반도이기 때문에 도망을 갈 수 있는 바다를 막고 제대로 된 포위만 한다면 전쟁을 끝낼 수 있으리라 생각했다. 대륙회의와 독립군 총사령관 워싱턴은 그동안 끈질긴 노력으로 마침내 프랑스의 전쟁 개입을 이끌어냈다. 워싱턴은 프랑스 사령관 로샹보(Rochambeau)와 해군 제독 그라스(Grasse)의 미국군에 대한 빈정댐과 무시에도 불구하고 그들을 잘 구슬려 자신이 계획했던 전투 작전을 수행했다.[55] 그토록 기다렸던 그라스 제독이 프랑스 함대를 이끌고 체사피크 만을 포위한 채 영국군의 퇴로를 막았다. 워싱턴은 이미 와 있던 로샹보 백작의 프랑스군과 연합하여 뉴저지로부터 신속히 남하했다. 모든 조각이 완벽하게 맞추어졌다.

당시 영국군 사령부는 뉴욕에 있었지만 그 주력부대는 영국군 부사령관 콘월리스가 이끄는 영국 남부군이었다. 전쟁을 종결하기를 간절히 원했던 워싱턴은 기다리던 프랑스군이 온다면 뉴욕이 아니라 남부의 콘월리스 군대를 쳐부수고자 내심 생각하고 있었다. 워싱턴은 자신의 생각을 구체화하기 위해 본심을 철저하게 숨기고 남부가 아니라 뉴욕을 공격할 것이라는 소문을 냈다. 또한 프랑스군의 개입이 기정사실이 된 마당에 그라스도 뉴욕을 공격하기 위해 북상하고 있다는 정보를 흘렸고 전투를 위한 대륙군의 숙영지 정비와 같은 공병 작전도 수행했다. 이러한 워싱턴의 기만전술은 뉴욕의 영국군 총사령관 클린턴이 감쪽같이 속아 넘어가도록 만들었다. 콘월리스는 클린턴의 부름에 뉴욕으로 향하다가 요크타운 앞바다인 체사피크 만을 장악한 프랑스 함대를 보고 북쪽으로 이동을 중단하고 그 자리에 진을 쳤다.[56] 남부 영국

군의 움직임을 파악한 워싱턴은 신속하게 대륙군과 프랑스
군을 요크타운으로 이동시켰다. 요크타운에 고립된 콘월리
스는 견고한 진지를 구축했지만 바다와 육지에서 쏟아지는
포탄을 이겨내기에는 역부족이었다. 결국 1781년 10월 17일
콘월리스는 제대로 된 전투 한 번 하지 못하고 항복했다. 이
날 대륙군은 7,241명의 영국 육군, 840명의 영국 해군을 사
로잡았고, 244문의 대포, 그리고 수만 정에 달하는 개인소총
을 획득했다.


## 요크타운 전투 이후

　요크타운 이후 사실상 전투는 중단되었지만 전쟁은 끝나
지 않았다. 여전히 막강한 화력을 갖춘 영국군이 심장부인
뉴욕에 주둔하고 있었다. 워싱턴이 군대를 해산하지 않고 전
투태세를 유지하고 있었던 것은 영국이 비록 평화회담을 운
운하고 있었지만 그들을 믿을 수 없었고 언제 다시 전투가
벌어질지 몰랐기 때문이었다. 하지만 많은 사람들은 요크타
운의 승리로 전쟁이 종결되었다고 믿었다. 승리감에 도취한
대부분의 일반 국민들은 독립전쟁을 이긴 것이나 다름없다
고 생각했다. 군인들 역시 큰 승리를 하고 나서 더 이상 긴박

한 전투가 없는 상황에서 나태함이 더해갔다. 전쟁 초기 민활함과 진지함을 보였던 대륙회의 역시 요크타운 승리 이후 점점 전쟁 수행에 무관심해졌다. 더더욱 각 주(州)들은 얼마 전 비준된 연합체(Confederation: 독립전쟁기부터 1787년 미국 연방이 탄생하기 전까지의 미국정부)에 전쟁 수행의 책임을 미루고 더 이상 재정적인 의무를 지지 않으려고 했다. 하지만 국민들과 군인들과 정부의 생각과 달리 워싱턴은 전혀 그렇게 여기지 않았다.[57] 워싱턴은 그라스에게 여세를 몰아 뉴욕의 영국군을 쳐부수자고 했지만 그라스는 이를 무시하고 서인도 제도 앞바다로 가버렸고 바다는 다시 영국 해군이 장악하게 되었다. 비록 요크타운에서 패배했지만 영국군은 여전히 막강한 군사력을 보유하고 있었다. 워싱턴은 당시 마음을 다음과 같이 적었다.

요크타운의 승리는 만약 이것을 계기로 더 많은 노력을 한다면 더욱 많은 좋은 결과를 낳을 수 있는 흥미로운 사건이었다. 그러나 이 전투에서 이겼다고 해서 긴장을 풀고 나태해진 채 허술한 경계를 한다면 이 승리는 차라리 일어나지 않은 것만 못할 것이다.[58]

요크타운 전투 승리 이후 워싱턴은 뉴욕 허드슨 강변의

뉴버그에 새롭게 마련된 주둔지로 옮겨 갔다. 워싱턴이 영국군 사령부가 위치한 뉴욕과 인접한 곳으로 주둔지를 옮긴 것은 영국군을 경계하고자 하는 목적이 컸다. 이곳에서도 워싱턴은 여전히 경계 상태를 유지하기 위해 다양한 노력을 아끼지 않았다. 각 주(州)들이 자신들에게 할당된 전쟁비용 납부를 미적거리고 대륙회의 역시 전쟁자금 마련에 적극적이지 않은 상태에서 군인들은 오랫동안 봉급을 받지 못하고 있었다. 뿐만 아니라 1780년 8월 20일 군인들은 일생 동안 봉급의 절반을 받기로 약속받은 연금(half pay for life: 이하 연금)[59]도 받지 못할 처지에 놓일지 모른다는 소문이 일파만파로 퍼져 나갔다. 더욱이 각 주들은 물론 대륙회의가 비용을 절약하기 위해 많은 군인들이 입대할 때 약속한 복무기간을 단축하여 제대시킬 것이라는 소문까지 나돌았다. 군인들과 장교들의 불만이 커져가는 가운데 워싱턴은 군인정신을 그대로 유지시키고 그들의 관심을 다른 쪽으로 돌리기 위해 무슨 일이든 하지 않으면 안 되었다.[60]

워싱턴은 그동안 군인들의 대의(독립전쟁 참가)를 위대하고 명예로운 일이라고 강조했다. 전쟁이 끝나지 않은 상태에서 여전히 복무를 하고 있는 군인들의 사기를 진작하기 위해 워싱턴은 모범 사병과 모범 장교를 선발하고 그들에게 배지와 훈장을 수여했다. 1782년 8월 7일 워싱턴은 "용기와 충성과 선한 행동으로 3년 이상 복무해온 모든 장교와 사병에게 명예로운 배지를 수여하도록" 명령했다. 워싱턴은 이 연공수장(service strips)을 군복 좌측 소매 아랫단에 달도록 했다.[61] 이때 워싱턴이 만들어낸 또 하나는 무공훈장이었다. 보라색 하트 모양의 이 메달은, 적과 싸우다가 부상당한 군인에게 주는 오늘날의 퍼플하트 훈장과는 달리, "용감하고 충성스럽고 칭찬할 만한 임무를 수행한 군인에게 수여하도록" 했다.[62] 워싱턴은 배지와 훈장이 "애국적인 군대와 자유로운 나라의 영광스러운 길이 모든 사람에게 공개되는 것을 보여줌으로써 군인들이 최선을 다하도록 만들 수 있을 것"이라 생각했다.[63] 그러나 전쟁이 끝나기 전까지 단 3명의 군인만이 이 메달을 수여받았다고 한다.

군인들의 게으름과 불만을 막기 위해 워싱턴은 또 다른 일을 추진했다. 군인들의 막사를 비롯한 생활공간을 우아하게 꾸미도록 명령했다. 이와 관련하여 당시 뉴버그의 새로운 주둔지를 방문한 어떤 사람은 "막사 앞에는 각 막사에서 생활하고 있는 군인들의 취향에 맞게 푸른 나뭇가지들로 항상 장식되어 있었다. 특히 장교들의 막사는 여러 종류의 장식까지 더해져 더욱 화려하게 보였다"라고 쓰고 있다.[64] 워싱턴은 새로 만든 모자와 군복을 지급했으며 일요일 종교 행사에 참석하도록 장려했다. 그 밖에 워싱턴은 자주 사병들을 상대로 용의검사, 총검 점검, 정기 훈련, 비상출동 훈련 등을 시행했다. 워싱턴은 이런 활동이 군인들의 사기를 진작시키고 군인으로서 행복을 증대시켜줄 수 있다고 믿었다. 나아가 원하는 장교들은 물론 여러 사병들에게도 휴가를 가서 고향에 다녀오도록 독려했다.

요크타운 전투 이후 흘러나오는 평화회담에 대한 소문을 워싱턴은 누구보다 의심의 눈초리로 바라봤다. 얼마 후 서인도 제도 부근에서 그라스와 로샹보의 프랑스군이 영국 해군에 참패하고는 프랑스로 철수해버렸다는 소식을 접한 워싱턴은 망연자실했다. 8월이 되어 뉴욕의 영국 사령부에서 평화회담이 파리에서 진행 중이라는 공식 문서가 왔을 때도 워싱턴은 조금도 의심을 풀지 않았다. 영국의 외교 정책에 몹시 회의적이었던 워싱턴은 영국을 이상주의가 결여된 나라이며 오로지 교만과 이기심으로 가득 찬 나라라고 비난했다. 이때 워싱턴은 여러 애국주의자들에게 다음과 같은 편지를 보냈다.

그 왕은 이 나라에서 더 이상 사람과 돈을 찾을 수 없을 때까지 전쟁을 계속할 것이다.[65]

우리가 무기를 내려놓기 전에 그들은 절대적이고 명백한 미

국의 독립을 인정해야 할 것이다.[66)]

평화를 이야기하지만 그들은 여전히 왕의 아집과 관리들의 사악함과 교만함에 휩싸여 있다.[67)]

심지어 1782년 11월 30일 파리에서 미국과 영국 사이에 예비평화조약이 채결되어 국왕 조지 3세가 미국의 독립을 인정하고 북쪽으로는 오대호, 서쪽으로는 미시시피 강을 경계로 하는 국경선을 인정한다는 공식 발표를 했음에도 불구하고 워싱턴은 여전히 회의적이었다.[68)] 그해 12월 중순에 영국 장군 알렉산더 레슬리(Alexander Leslie)와 그의 군대가 그동안 점령하고 있던 사우스캐롤라이나의 찰스턴에서 철수했다는 소식을 접하고서야 비로소 약간 안심했다. 그렇지만 워싱턴은 마음을 완전히 놓지 않았다. 새해인 1783년 1월 20일 파리에서 영국, 프랑스, 에스파냐 대표들이 만나 확실하게 파리에서 조인된 평화조약에 서명했다는 소식을 프랑스 범선 '르 트리옹프(La Triomphe) 호'가 전해 왔다. 비록 이 소식은 공식 서류에 의한 것이 아니었지만 지난 예비조약 내용이 마침내 작동하게 되었음을 의미했다. 워싱턴은 비로소 곧 전쟁이 끝나리라 생각했다.

군사적·외교적으로 참으로 기쁜 소식이었지만 정작 워싱

턴은 기뻐할 수 없었다. 악화된 재정 상태로 인해 대륙회의
와 연합정부가 제대로 기능을 발휘하지 못하고 있었기 때문
이었다.

# 조지 워싱턴의 위대한 선택

## 군인들의 불만

그동안 군인들은 전투를 하면서 옷, 음식, 막사 등의 형편 없는 보급품에도 불구하고, 심지어 상당 기간 약속한 봉급을 받지 못하면서도 대의에 대한 굳은 믿음으로 불만을 삭여왔다. 하지만 요크타운 전투 이후 더 이상 싸움이 없는 가운데 재정적으로 어려움을 겪고 있던 각 주들과 대륙회의가 경비 절감을 위해 병력을 감축하려 하자 군인들은 불만을 터뜨리기 시작했다. 봉급은커녕 약속받은 연금 지급이 불확실해지자 병사들을 진정시켜야 할 장교들이 오히려 더 적극적으로 항의를 주도하고 나섰다. 총사령관 워싱턴은 군인들의 불만을 감지하고 있었으나 정식 루트인 대륙회의에 편지를 보내는 것 말고는 어떤 일도 할 수가 없는 형편이었다. 1782년 여름이 되면서 워싱턴은 대륙회의에 다음과 같은 편지를 보냈다.

제대하는 장교들은 지난날에 대한 회상과 앞날에 대한 기대라는 수천 개의 가시에 찔리고 … 가난과 국민들의 배은망덕으로 성격이 삐뚤어져 있습니다. 그들은 조국의 자유와 독립을 이루기 위해 꽃 같은 시절을 바쳤으며, 그중 몇 사람은 가산까지 바쳤는데도 일전 한 푼 못 받고 빚만 잔뜩 진 채 산전수전을 다 겪고 떠나야만 합니다. … 저는 이후 불행한 사태가 꼬리를 물고 일어날 것이라는 걱정을 떨쳐버릴 수가 없습니다.[69]

워싱턴은 '불행한 사태'를 직감하고 있었다. 워싱턴이 총사령관에 임명되면서부터 지금까지 '군은 민간정부에 철저하게 복종한다'는 원칙을 단 한 번도 어긴 적이 없었다. 하지만 닥쳐온 딜레마(어려운 재정 상태를 정치적으로 풀 수 없는 상황)가 계속되는 가운데 총칼을 가진 군인들의 불만의 목소리를 감지하고 있던 워싱턴으로서는 불행한 사태에 대한 가능성을 염두에 두지 않을 수 없었을 것이다. 워싱턴은 로마의 카

이사르와 영국의 크롬웰의 경우를 누구보다 잘 알고 있었다. 위싱턴은 혁명을 이상적으로 시작했지만 결국은 독재로 끝이 나고 마는 민간정부보다 군이 우위에 있는 모순을 잘 알고 있었다.

군은 물론이고 사회적으로도 어수선한 가운데 1782년 5월 22일 위싱턴은 부하인 루이스 니콜라(Lewis Nicola) 대령으로부터 뜻밖의 편지 한 통을 받았다.

지금까지 군인들은 온갖 어려움을 견뎌왔지만 … 이제 그 인내는 한계에 도달한 것 같습니다. 저는 우연히 군인들의 이야기를 엿들었습니다. 저는 '대륙회의가 군인들의 불만을 해소하지 않고 이전의 연금 약속을 지키지 않는다면 전쟁이 끝나더라도 군을 해산하지 않을 것이며, 만에 하나 불만을 해소해주지 못한다면 그들은 새로운 차원의 피와 혼란의 상태(a new scene of blood and confusion)를 예상할 수밖에 없다'고 말하는 것을 들었습니다. … 저는 공화국 형태의 정부를 너무나도 좋아하지만 이러한 문제를 해결하지 못하는 것에 실망을 금치 않을 수 없습니다. … 저는 지금 이 나라에는 공화국의 지혜보다 군주국의 에너지가 훨씬 효과적이라 생각합니다. 모든 유럽의 군주국들이 나름의 문제가 있기는 하지만 아직도 건재한 것을 볼 때 더욱 그러합니다. … 총사령관님이 미국 최초의 군주가 되

어주시기를 간청합니다.[70]

속칭 '왕관 편지(Crown Letter)'로 알려진 이 편지는 니콜라 대령이 워싱턴이 왕이나 황제가 되어주기를 간청한 것이었다. 워싱턴은 군대 내의 불만이 팽배해지고 있다는 사실을 잘 알고 있었지만 이 정도일 줄은 몰랐다. 너무나 충격을 받은 워싱턴은 조금도 지체 없이 바로 니콜라 대령에게 진심 어린 답장을 보냈다.

그동안 군이 이룬 폭넓은 정의는 대단한 것입니다. … 그 누구라도 만약 기회가 주어진다면 내가 이룬 일보다 훨씬 더 많은 일을 했을 것입니다. 나는 이 나라에 그 어떤 불행한 일도 일어나는 것을 원하지 않습니다. 전쟁이 아직 끝나지 않은 상황에서 군대 내에 이런 생각이 있다는 귀관의 편지에 놀라움과 비통한 마음을 가눌 길이 없습니다. 만약 귀관이 이 나라와 그대 자신과 그리고 후손들을 위하는 마음이 있다면 또는 나에 대한 존경이 조금이라도 있다면 이와 같은 성격의 말은 물론 생각조차 하지 말기 바랍니다.[71]

생각지도 않게 빠른 답장을 받은 니콜라 대령은 자신의 잘못을 깨닫고 워싱턴에게 사과의 편지를 연이어 세 통이나 보냈다. 5월 23일에 "저의 생각이 잘못되었으며" "조금도 이 나라의 안정을 해칠 마음이 없고", 이어 24일에는 "이런 이 야기들이 군 내부에 돌고 있기는 하지만 그것을 여과 없이 편지로 쓴 것은 정말 잘못이라는 것을 알겠으며", 이어 28일에 "저의 생각이 얼마나 위험스러운 일인가를 인식하고 있으며, 이런 생각이 사령관님을 얼마나 속상하게 했을까 생각하니 가슴이 아프며 진심으로 사과드린다"는 내용이었다.[72] 워싱턴은 니콜라의 연이은 사과 편지에 다소 마음이 안정되었지만 그럼에도 군내 내에서 뭔가 심상치 않은 일이 진행될 수도 있다는 것을 직감했다.[73]

이 일이 있고 나서 군대 내의 특별한 소동은 없었지만 지루한 1782년의 여름과 가을을 보내면서 장교들과 병사들의 불만의 목소리는 더욱 강해지고 있었다. 그럴 때마다 워싱턴은 그들을 달래서 대륙회의에 불만 내용을 청원하도록 설득했다. 그러나 1782년 11월 말 조지 3세의 휴전 선언과 그동안 대륙회의에서 수많은 논란 끝에 결국 12월에 확정된 로드아일랜드의 관세 반대로 군인들의 불안은 더해갔다. 군인들의 불만은 오래전부터 있었지만 뉴버그 쿠데타 음모 미수사건의 구체적인 발단은 1782년 12월 말이었다.

요크타운 전투 이후 참으로 지루했던 1782년 동안 군인들은 희생자로만 취급되어 망각되지 않을까 하는 두려움, 사회경제적인 불확실성, 또 무엇보다 보상을 받지 못하고 퇴출될 수 있다는 복잡한 생각에 사로잡혀 있었다. 그런 가운데 뉴버그의 군인들은 알렉산더 맥두걸(Alexander McDougall) 소장, 존 브룩스(John Brooks) 대령, 매사이어스 오그던(Matthias Ogden) 대령을 대표 장교로 선발하여 그들의 불만을 필라델피아에 직접 청원하도록 했다.[74] 군인들은 그동안 수없이 청원을 보냈지만 이번 청원은 성격이 달랐다. 헨리 녹스(Henry Knox)가 작성한 청원서는 더 자극적인 말로 시작해서 노골적인 위협으로 끝을 맺었다.

그동안 우리는 사람이 참을 수 있는 한도까지 참아왔습니다. 우리의 재산은 다 소모되었습니다. 우리 모두의 에너지 또한 고갈되었습니다. 우리 동료들 모두는 지치고 지쳐서 더 이상의 청원에는 신물이 날 정도입니다. … 우리는 그동안 여러 달 동안 봉급을 받지 못했습니다. 우리는 봉급도 봉급이지만, … 우리의 건강과 재산이 다 소진되면서 수년 동안 봉사한 것에 대한 보상으로 1780년에 약속한 연금에 대해 많은 우려를 하고 있습니다. 여러 가지 이유를 들면서 대륙회의가 연금 약속을 지키지 않을까 봐 두렵습니다. 그래서 우리는 평생 연금이 아닌 적절한 기간 총액으로 받는 이른바 '대체 안(a commutation)'을 받아들일 수 있습니다. … 우리는 이 청원이 받아들여질 때까지 이곳에 머물 것이며 … 군인들의 인내를 더 이상 시험할 경우 어떤 '치명적인 결과(fatal effects)'가 나올 수도 있습니다.[75]

1782년 12월 24일 맥두걸 등이 청원서를 대륙회의에 전달한 그날 대륙회의는 또 다른 사건이 발생했다. 그동안 최대 안건 중 하나였던 1781년 관세안 비준에 대해 버지니아가 이전의 비준결의를 철회했던 것이다. 대부분의 의원들에게 버지니아의 비준 철회는 별 의미가 없었겠지만 관세안 비준을 간절히 원하고 있던 로버트 모리스(Robert Morris)와 연방주의자들(Nationalists)에게는 대단히 중요한 사건이었다.[76] 왜냐하면 관세 안건은 로드아일랜드의 반대로 의회 주요 안건에서 사라졌는데 바로 그날 군인들의 청원서가 대륙회의에 전달됨으로써 다시 쟁점이 될 수 있었기 때문이었다. 따라서 연방주의자들은 군인들의 청원서 제출과 버지니아의 관세 철회가 절묘하게 맞물렸음을 인식했다.[77] 대륙회의는 군인들이 제출한 청원서 내용에 답하기 위해 새로운 재원을 찾지 않으면 안 될 처지가 되었다. 연방주의자들은 더 이상의 유가증권과 외국 차관은 불가능하다는 것을 알았다. 그들은 대륙회의의 유일한 선택은 새로운 재원을 찾는 것이고 그것은 관세밖에 다른 방법이 없다는 것을 알았다. 이런 상황에서 그들은 군인들에 의한 위기 조성과 폭동 가능성이

불거진다면 그것은 대륙회의가 관세안을 통과시키게 하는 힘으로 작용할 것이라 믿었다.[78]

이러한 배경 아래 청원서를 제출하기 위해 필라델피아를 방문한 대표단과 연방주의자들은 자연스럽게 접촉했다. 그들의 만남은 대부분 은밀하게 이루어졌고 연방주의자들은 맥두걸과 동료들에게 군인들이 보상받는 유일한 길은 새로운 자금 시스템의 마련밖에 없음을 확신시켰다. 연방주의자들은 맥두걸이 두 가지 일을 해주기를 부탁했다. 하나는 전체 장교단의 지지를 확보하는 것, 다른 하나는 대륙회의 의원 개개인을 설득해 군의 상태가 몹시 불안하며 만약에 대륙회의가 어떤 만족할 만한 조치를 취하지 않는다면 군은 냉혹한 미래를 예상할 수밖에 없다는 소문을 퍼뜨리는 것이었다. 연방주의자들로부터 설득당한 맥두걸은 1783년 1월 9일 자신의 보스라 할 수 있는 헨리 녹스에게 보낸 편지에서 "국가의 영구적인 자금 대책안을 마련하기 위해 대륙회의와 군과 일반 유권자들 사이의 단결 가능성"에 대해 말했다.[79]

군이 무대를 만들고 위협을 퍼뜨리고 나면 연방주의자들이 받아들일 수 있는 자금 시스템을 마련하고 대륙회의를 통해 그것을 통과시킨다는 계획이었다. 1월 6일 대륙회의는 군인들의 건의서를 살펴보기 위해 각 주마다 한 명씩을 대표로 하는 대위원회를 만들었다. 대위원회는 먼저 재무관 로버트 모리스로부터 정부의 재정 상태에 대해 들었다. 모리스는 "현재 우리는 군인들에게 어떤 돈도 지불할 수 없으며 분명한 자금 시스템이 마련되지 않는다면 그 어떤 약속도 할 수 없다"라고 말했다.[80] 청원서를 제출한 3명의 장교는 대위원회 위원들에게 강도 높은 압력을 가했다. 장교들이 군인들의 분노에 대해 말하자 한 위원이 구체적으로 그것이 무엇이냐고 물었고 그들은 "최소한 대륙회의는 폭동을 예견할 수 있다"라고 답했다. 또한 그들은 "군인들의 실망은 사태를 무조건 극단으로 끌고 갈 수 있다"라고 대답했다.[81] 모리스와 군인 대표들과 대화를 끝낸 대위원회는 "대륙회의가 빠른 조치를 취하지 않으면 뉴버그에서 화약통이 폭발할 것"이라고 확신하고[82] 그런 관점에서 보고서를 작성했다. 맥두걸 일행의 엄포와 대위원회의 보고에 이어 또 하나의 변수가 작용했다. 국가 차원의 재원이 마련되기를 간절히 원했던 로버트 모리스가 재무관의 사임을 통해 대륙회의에 압력을 가했다. 난상 토론 끝에 대륙회의는 1월 25일 모리스에게 "각 주로부터 자금을 얻는 권한을 인정하고 그 돈으로 국가 빚을 갚도록 모든 도움을 줄 것"이라는 데 합의했다.[83]

이러한 합의에 따라 연방주의자들과 군인들의 승리가 예상되었지만 합의에는 중요한 사안이 빠져 있었다. 장교들의 가장 큰 관심사였던 연금 문제였다. 이미 대체 안을 제시했지만 관세와는 달리 연금에 대해서는 로드아일랜드와 버지니아는 물론 뉴잉글랜드도 반대하고 있는 형편이었다. 대체안이 심각한 반대에 부딪치자 해밀턴을 비롯한 연방주의자들은 자칫 그들의 계획(대륙회의와 연합정부의 힘을 키우는 데 군인들의 힘을 이용한다는 계획)이 무산될 수 있다고 생각했다. 또한 그들을 더욱 불안하게 만든 것은 군 세력의 총책으로 여겨졌던 녹스로부터 이렇다 할 반응이 없다는 점이었다. 더욱이 파리로부터 전해진 평화회담 소식은 그들의 의지와는 달리 군인들을 정치적 지렛대로 이용하고자 하는 계획을 무산시킬 수 있었다. 초조해진 해밀턴과 모리스 등은 대체 안이 통과되도록 하는 어떤 특단의 조치를 생각하지 않을 수 없었다. 연방주의자들의 노력에도 불구하고 수많은 논란 끝에 2월 4일 대체 안 통과가 무산되었을 때 그들은 군의 무력을 이용하기 위한 준비를 시작했다.


## 연방주의자들의 음모


초조해진 연방주의자들로서는 거의 3주 이상이나 침묵하고 있는 녹스의 정확한 진위를 파악하는 것이 급선무였다. 대륙회의에서 대체 안이 무산된 후 다시 만난 연방주의자들과 3명의 장교들은 논의 끝에 브룩스 대령을 뉴버그로 보내 녹스를 만나 연방주의자들의 계획을 알리도록 했다. 1783년 2월 8일 브룩스는 두 통의 편지를 가지고 뉴버그로 향했다. 하나는 군인들의 대표로 같이 왔던 맥두걸과 오그던이 녹스에게 보내는 편지로 "필라델피아의 정치 상황은 복잡하고 혼란스럽기 짝이 없으며 … 대체 안이 통과될 전망은 희미하다"는 내용이었다.[84] 다른 하나는 역시 연방주의자이며 녹스의 오랜 친구로 연합정부에서 부재무관 직책에 있는 구버뇌 모리스(Gouverneur Morris)가 녹스에게 개인적으로 보낸 편지였다. 모리스는 "국가의 상태, 특히 재정 상태가 통탄스럽고, … 장교들과 일반 채권자들이 연합을 하면 영구적인 세금제도를 마련할 수 있다"라고 말했다.[85] 4일 뒤 맥두걸이 더욱 상세하고, 더욱 음모적이고, 더욱 긴급한 내용의 편지를 비밀리에 녹스에게 보냈다. 맥두걸은 미리 준비해둔 가명인 '브루투스(Brutus)'를 써서 "군은 그들의 정당함을 얻기 위해 폭동을 일으킬 수도 있습니다. 군인들에게 봉급이 지불되고 대체 안이 보장되지 않으면 군을 떠나지 않겠다는 것을 공개적으로 선언하십시오. 너무 많은 생각을 하다가 적절한 시간을 놓칠 수도 있습니다"라는 내용이었다.[86]

연방주의자들은 군에 의한 폭력적 방법을 생각했지만 그럼에도 그들의 진정한 목표는 폭력의 사용이 아니라 연합과 대륙회의의 힘을 확보하는 것이었다. 그들은 반혁명을 결코 원하지 않았을 뿐 아니라 설사 쿠데타가 일어나더라도 실현 불가능하다는 것을 잘 알고 있었다. 뉴버그 음모 사건이 끝나고 나서 해밀턴은 워싱턴에게 보낸 편지에서 폭력적 방법으로 성공할 수 없음을 알고 있었다고 고백했다.

일부 리더들은 폭력적인 방법을 이야기했지만 대부분은 이에 동조하지 않았습니다. 우리의 혁명을 근본적으로 뒤엎을 수 있는 특단의 의지가 없이는 성공할 가능성은 거의 없었습니다. … 이 나라는 지리적으로 너무나 분산되어 있고 너무나 다양한 이익집단과 권력집단들이 분산되어 있어 총검으로는 결코 연합을 시킬 수 없습니다. 특히 반군사적 전통이 뿌리 깊은 이 시점에서는 더욱 그러하다고 생각합니다. 이러한 시도는 연방주의자들이 피하고자 하는 혼란과 시민전쟁만 가져올 뿐입니다. 연방주의자들의 온전한 노력은 각 지역 차원이 아니라 전국 차원에서 국가의 힘을 강화하기 위함이었습니다. 쿠데타는 오히려 그것을 파괴할 것이라 생각했습니다.[87]

말하자면 연방주의자들은 쿠데타를 통한 권력 장악이 아니라 단순히 군의 힘을 빌려 연합과 대륙회의의 힘을 강화하는 것이 목표였다. 군이 위협을 하면 대륙회의는 선택의 여지가 없어 대체 안을 받아들이지 않을 수 없다고 생각했다. 그러나 군의 위협은 너무나 위험한 것이었다. 자칫하면 정당한 시민정부를 불명예로 몰고 가서 그동안 군이 유지해온 영광스러운 정의를 해칠 수가 있었다. 또한 시민정부로부터 군의 독립 선언은 그 결과에 대해 아무도 예측할 수 없는 어려움이 동반될 수 있었다. 연방주의자들은 이러한 위험을 감수하고도 이미 진행되어온 군인들과 약속을 이행하지 않을 수 없었다. 문제는 적절한 시기에 누가 군을 자극하고 누가 대륙회의와 맞서는 가운데 군의 적법한 리더십을 이끌어 가느냐 하는 것이었다. 그들은 총사령관 워싱턴을 생각했지만 그의 인품이나 성향으로 보아 강제로 군의 힘을 사용한다는 것은 말도 붙일 수 없으리라 판단했다. 그동안 그들은 녹스를 군의 힘을 주도할 리더로 당연하게 여기고 있었지만 수동적인 태도의 녹스는 완전히 신뢰할 수가 없었다.

이런 상황에서 연방주의자들은 기존 체제를 바꾸려 드는 더 급진적이고 성급한 젊은 장교 집단(Turks)[88]이 워싱턴의 온건한 리더십에 불만을 토로하고 있으며, 그들이 새러토가 전투의 영웅으로 뉴버그 주둔지에서 부사령관으로 있는 호레이쇼 게이츠에게 끌리고 있다는 것을 알았다. 하지만 게이츠는 오랫동안 워싱턴에게 불만을 품고 있는 고압적이고 신경질적인 장군으로 알려져 있었다. 게이츠는 그동안 손상된 이미지를 회복하고자 노심초사했다. 뉴버그에서 군인들의 일상을 관리하는 일, 뉴버그 주둔지의 강당으로 사용할 '덕의 사원(Temple of Virtue)'을 짓는 일, 그리고 군사재판을 주관하는 일을 하고 있던 게이츠는 우연히 라이벌 워싱턴으로부터 군의 권력을 빼앗을 수 있는 기회가 찾아왔음을 직감했다. 뉴버그 음모 사건을 본격적으로 연구한 리처드 콘[89]과 데이브 리처드스는 "실현 불가능한 환영 속에서 개인적 영광에 눈이 멀어" 게이츠와 그의 도당들이 쿠데타를 꾸몄다고 주장한다. 그들은 대륙회의를 해산하고 군사독재를 통해 새로운 정부를 꾸미자는 데 합의했다. 이와 관련하여 리처드스는 게이츠와 뉴버그 쿠데타 사건의 상관관계에 대해 다음과 같이 말했다.

> 게이츠는 장교들과 일반 채권자들의 불만을 해소시켜줌으로써 자신의 손상된 이미지를 회복시키고, … 오랫동안 견지해 온 작은 정부에 대한 자신의 견해를 철회한 상태에 있었고, 워싱턴에 대한 헌신과 존경의 마음이 조금도 없는 상태에서 그를 대신하여 자신이 총사령관이 되고, 나아가 국가 권력을 장악할 수 있다는 환상 속에서 … 뉴버그 주둔지에 있는 장교들과 수시로 이런 이야기를 나누었다.[90]

워싱턴의 리더십에 반감을 품은 이들은 (아마도 게이츠의 지시에 따라) 군의 힘을 이용하고자 하는 연방주의자들에게 접근했다. 그들은 우선 재무관 로버트 모리스에게 접근했는데 한때 모리스와 게이츠는 우호적인 관계가 아니었으나 당시는 모리스가 게이츠로부터 많은 돈을 빌림으로써 아주 친한 사이가 되어 있었다.[91] 연방주의자들 속에서 누구보다 심하게 재정적 압박을 받고 있던 모리스는 자신에게 접근하는 게이츠 도당을 잘만 이용한다면 소기의 목적을 달성할 수 있을 것이라 여겼다. 모리스는 물론 녹스를 이용하는 것이 훨씬 안정적이라고 여겼지만 녹스가 침묵하고 있는 상황에서 이들의 존재는 또 하나의 선택이 될 수 있을 것이라 여겼다.

그러나 모리스에게는 물론 다른 연방주의자들에게도 이것은 절체절명의 모험이자 위험한 이중 게임이었다. 만약 그들이 워싱턴으로부터 군사권을 빼앗게 된다면 연방주의자들이 그토록 피하고자 했던 군의 권력 장악과 시민전쟁이 일어날 수도 있는 문제였다. 모리스는 이점에서 고민이 아닐 수가 없었다.[92] 그런데 모리스와 달리 해밀턴은 자신은 물론 장인인 필립 스카일러와 얽힌 복잡한 사건으로 인해 게이츠와 관계가 몹시 험악했다. 심지어 해밀턴은 게이츠를 "개인적으로 적"이라고 공언할 정도였다.[93] 더구나 해밀턴은 자신의 후원자인 총사령관 워싱턴을 배반할 마음이 조금도 없었다. 연방주의자들이 게이츠에 대해 확신을 갖지 못하고 있는 가운데 1783년 2월 13일 조지 3세가 영국 의회에서 평화를 선언했다는 소식이 도착했다. 잘못하면 애써 피워놓은 불꽃이 사라져버릴 수 있는 상황에서 녹스로부터는 아직도 소식이 없었다. 이런 처지였기에 연방주의자들은 게이츠 카드를 완전히 버릴 수가 없었다. 그들은 게이츠를 이용하여 군의 폭동만 조장하여 관세안과 연금 대체 안을 통과시키고 중앙정부의 권한을 강화시키면 그만이라고 생각했다. 하지만 게이츠 도당이 성공하게 되면 그것은 무정부상태요, 시민전쟁이며, 연합정부의 끝을 의미했다.

그래서 연방주의자들에게는 녹스가 중요했다. 녹스는 처음부터 그들과 군을 연결하는 주요 고리였고 군의 입장을 대변하는 핵심 축이었기 때문이었다. 필라델피아에서 녹스의 편지를 애타게 기다리던 맥두걸과 구버너 모리스에게 2월 21일 드디어 편지가 왔다. 녹스는 맥두걸에게 "우리는 섣부른 행동을 통해 우리를 더럽히기보다 극도의 인내심을 발휘해 잘못된 현실과 우리가 입을 상처를 견뎌내야만 합니다. 결코 미국의 자유에 적이 되어서는 안 됩니다"라고 썼다.[94] 또한 녹스는 모리스에게 "군은 정당한 권위 없이 압력을 가하는 일이 있어서는 안 됩니다"라고 썼다.[95]

누구보다 명민한 해밀턴은 2월 13일에 상황의 긴박성을 인식하고 그동안 연방주의자들과 군인들 간에 진행되어온 일을 워싱턴에게 알리는 편지를 보냈다.

대륙회의는 이제 더 이상 군인들에게 보급품을 줄 수 없는 지경까지 이르렀습니다. 6월이 되면 군인들은 필요한 물품을 스스로 조달해야 할 것으로 보입니다. 만일 아무런 대책이 없이 평화가 온다면 군은 정의를 실현하기 위해 무력을 사용할 계획입니다. … 그러면 총사령관님의 지휘권도 위험한 상태가 될 것입니다. 사령관님은 지나치게 온건해서 군인들이 받아야 할 정당한 돈을 받아내는 데 오히려 방해만 되고 있고 그래서 사령관님을 제쳐두고 행동하는 편이 더 낫다고 생각하고 있습니다. 이미 불만으로 가득한 군인들을 자제시키는 것은 이제 너무나 어려운 일이 되었습니다. … 그러나 사령관님이 나서주시기만 한다면 군인들은 사령관님의 지휘 아래 분기하여 현재 너무나 부족한 정부의 자금을 채울 수 있는 관세권을 확보할 수 있을 것입니다.

추신: 녹스 장군은 군을 너무나 잘 알고 있고 감각이 있는 사람입니다. 저는 그가 군을 안전하게 사용할 수 있을 것이라 생각합니다.[96]

이 편지를 두고 역사가들 사이에서 의견이 분분한데 어떤 사람들은 "워싱턴을 음모에 끌어들이려는 해밀턴의 노력의 일환"으로 보며, 어떤 사람들은 "비밀 누설"이라고 주장한다.[97] 하지만 그것이 무엇이든 해밀턴의 편지는 워싱턴에게 충격 그 자체였다. 해밀턴의 편지와 더불어 워싱턴의 경각심을 더욱 조장시킨 또 하나의 편지가 있었다. 오랫동안 부관으로 있다가 대륙회의 버지니아 대표가 된 조셉 존스(Joseph Jones)로부터 온 편지였다.

군 내부에 위험한 세력이 존재한다고 필라델피아에서 공개적으로 이야기되고 있습니다. 그들은 적절한 시기에 군대 해산 거부를 선언할 것이랍니다. … 군 내부의 이런 위험인물들이 자신들의 야심 찬 계획을 방해할지 모르는 장군님의 반대를 막고자 장군님의 평판을 축소시키려는 책략을 꾸미고 있습니다. 만약 그들이 성공한다면 평화는 사라질 것입니다. … 타협을 할 것인지 반대를 할 것인지 확고한 결단력이 필요할 때입니다.[98]

해밀턴과 존스로부터 같은 성격의 편지를 받은 워싱턴은 해밀턴에게 허락되지 않은 그 어떤 군의 움직임은 용납하지 않겠으며 폭동은 더더욱 안 된다는 단호한 편지를 보냈다.

나는 군인들이 고통받고 있다는 것을 누구보다 잘 알고 있습니다. 대륙회의가 비록 느리고 어떤 일에는 무능하기까지 하지만 그래도 그들은 대의를 위해 노력하고 있습니다. … 나는 지금 나쁜 무엇인가가 다가오고 있다는 것을 알고 있습니다. 그 속에는 게이츠 장군이 있지 않나 생각합니다. 게이츠는 아직도 위선과 겉으로만 친한 척하는 모습을 하고 있습니다. … 나는 지금까지 나의 행동 방침을 고수해가렵니다. 현명한 군인들이라면 나의 마음을 모르지 않을 것입니다.[99]

조지 3세의 평화 선언과 재무관 로버트 모리스의 사임과 더불어 녹스의 반대 입장이 분명한 가운데 또 무엇보다 워싱턴의 마음을 확인하고 나자, 이제 연방주의자들의 선택은 게이츠밖에 없었다.

## 쿠데타 음모 미수

위험을 무릅쓴 채 게이츠 도당을 이용하고자 결정한 후 연방주의자들은 필라델피아와 뉴버그를 연결하는 밀사가 필요했다. 연방주의자들과 게이츠 도당 간에 어떤 이야기가 오갔는지 밝혀진 것은 없지만 워싱턴이 해밀턴에게 답장을 보낸 1783년 3월 4일 이후 연방주의자들은 적절한 밀사를 찾기 위해 많은 노력을 한 것으로 보인다. 그들이 선택한 밀사는 월터 스튜어트(Walter Stewart) 대령이었다. 스튜어트는 펜실베이니아 태생으로 두 달 전부터 몸이 아파 필라델피아의 집에서 휴가를 보내고 있었다. 그는 독립전쟁 전에 펜실베이니아에서 성공한 사업가였으며 전쟁이 일어난 후 대륙회의에 많은 돈을 대부해주었다. 자연히 그는 대륙회의가 빌려간 돈을 상환할 수 있을 것인지에 큰 관심을 가지고 있었고 그러한 관심은 연방주의자들과 친분을 가지도록 만들었다.[100] 휴가를 보내면서 스튜어트는 펜실베이니아의 여러 채권자들[101]과 잦은 만남을 가졌고, 그들 역시 군의 힘을 빌려 대륙회의가 쓸 수 있는 자금을 확보할 수 있도록 하는 데 함께할 것이라 여겼다. 또한 스튜어트는 게이츠 장군 아래서 한때 부관으로 복무한 적이 있었기 때문에 게이츠 도당과 잘 통할 수 있는 인물로 여겨졌다.[102]

총사령관 워싱턴은 뉴버그로 사령부를 옮긴 후 스튜어트에게 군 조사관 보직을 수행하도록 했는데 그가 휴가를 가 있는 동안 부조사관 윌리엄 바버(William Barber) 소령에게 그 일을 담당하도록 했다. 두 달 이상 스튜어트로부터 아무 연락을 받지 못했던 워싱턴은 이제 그에게 복귀 명령을 내린 상태였다. 뉴버그 주둔지로 복귀하기 전 스튜어트는 며칠간 연방주의자들과 필라델피아에 와 있는 맥두걸 일행 그리고 여러 채권자들과 긴밀한 만남을 가졌다. 특히 로버트 모리스로부터는 대륙회의와 일반 채권자들에게 절대적 지지를 보낸다는 확답을 받았을 것으로 보인다. 밀사가 된 스튜어트는 이 거사에서 자신의 역할이 대단히 크다고 생각했을지 모르지만 사실 그는 연방주의자들과 게이츠 도당 두 집단으로부터 단순히 이용당했을 뿐이었다. 스튜어트는 연방주의자들이 단지 게이츠 도당을 이용하여 그들의 목적만 달성하고 나면 사태를 종결시키고자 하는 것을 모르고 있었다. 또한 게이츠 도당이 "군인들의 행동의 주역은 어디까지나 자신들이고 모리스와 스튜어트는 단지 도구에 지나지 않는다"고 생각하는 것 역시 모르고 있었다. 특히 게이츠 도당은 "재무관 모리스가 새롭게 형성될 수 있는 정부 조직에서 재정 업무를 담당하고 싶은 개인적 욕심에서 일을 벌였다"고 강하게 믿었다.[103] 여기에는 스튜어트의 순진함에 이어 또 하나의 이중 게임이 숨어 있었다. 바로 '비밀 누설'이건 '세력 균형'을 위한 것이건 해밀턴이 워싱턴에게 뉴버그 군인들의 거사에 대해 알려준 사실을 게이츠 도당은 전혀 알지 못하고 있었다는 점이다.

예견된 거사 속에 어떤 이중 게임이 숨어 있는지 모른 채 3월 9일 스튜어트는 연방주의자들과 게이츠 도당을 연결하는 밀사로 뉴버그로 돌아왔다. 스튜어트는 먼저 워싱턴을 찾아가 대륙회의가 적절한 자금을 확보할 수 있게 하는 음모에서 분노한 장교들과 채권자들을 이끌어줄 수 있는지 묻고 그로부터 단호하게 반대한다는 말을 들었을 것이다.[104] 그리하여 그는 뉴버그에서 남동쪽으로 3마일 떨어져 있는 부사령관 게이츠의 본부가 있는 존 엘리슨(John Ellison)의 집으로 달려갔다. 그곳에는 게이츠 장군과 더불어 외과의사로 워싱턴을 달가워하지 않았던 윌리엄 어스티스 박사, 제임스 휴거(James Hughes) 중령, 존 암스트롱 2세(John Armstrong, Jr.) 소령, 윌리엄 바버(William Barber) 소령, 니콜라스 피시(Nicholas Fish) 소령을 비롯하여 여러 명의 소령과 서너 명의 하급 장교들이 모여 있었다. 스튜어트는 그들에게 필라델피아 상황에 대해 다음과 같이 말했다.

평화는 분명합니다. 그동안 봉급 지급과 연금 문제의 해결을 원하는 장교들의 요구에 대해 이렇다 할 확답을 주지 못하는 대륙회의는 군을 곧 해산할 것입니다. 이제 대륙회의가 이전에 한 약속을 폐기하지 않도록 무엇인가를 해야 합니다. 이제 계획을 실천할 시간이 다가왔습니다. 연방주의자들, 특히 로버트 모리스가 군인들과 함께할 것입니다. … 만약 거사 후 심각한 반대에 부딪히면 군인들의 뒤에는 일반 채권자들이 버티고 있

고 그들이 이 일에 함께할 것입니다.[105]

이 말을 들은 게이츠 도당은 모든 장교들과 함께 집회를 열기로 합의하고 그 집회 전에 누군가가 성명서를 익명으로 작성하기로 합의했다. 그런 후 각자 캠프로 돌아가서 유명한 채권자들과 대륙회의 내 중요한 인물들이 군을 지지할 것이며 이제는 행동에 나설 적기라는 소문을 퍼뜨렸다.

1783년 3월 10일 월요일 오후, 워싱턴은 주둔지 내에 나돌고 있던 익명으로 쓴 성명서를 읽었다. 그 성명서에는 "모든 부대의 장군들과 장교들과 의무부대 장교들은 다음 날 오전 11시 '덕의 사원'에 모여 필라델피아에 파견한 대표들이 보내온 편지의 내용을 검토하자"는 내용이 적혀 있었다.[106] 이 성명서는 익명이었으나 곧 게이츠의 부관인 24세의 존 암스트롱[107]이 쓴 것으로 밝혀졌다. 암스트롱이 쓰고 게이츠의 다른 부관인 크리스토퍼 리치먼드(Christopher Richmond)와 스튜어트의 부조사관인 윌리엄 바버가 그 성명서를 복사하고 유포하는 일을 맡았다.

친애하는 전우 여러분! 그동안 우리는 이 나라의 적과 권력의 노예들과 부정의 앞잡이들과 싸우기 위해 군인이 되었습니다. 수많은 위험에도 불구하고 우리는 용감하게 싸웠습니다.

… 하지만 우리는 곧 버려질 수 있습니다. 믿었던 이 나라가 조금의 보상도 없이 우리를 버리려고 합니다. 우리 군이 힘을 모아 우리가 원하는 것을 실현할 때 정말 늦었지만, 이 나라에 정의가 실현되리라 믿습니다. 그렇게 되면 역경의 먹구름은 사라질 것입니다. … 나는 지금 분명히 주장합니다. 우리에게 좀 더 많은 인내심을 보이라고 주장하는 사람을 의심하십시오. 만약 평화가 선포되고 군대가 해산된다면 우리는 결코 군을 해산하지 않을 것이며 전쟁이 계속된다면 여러분은 뛰어난 리더의 지휘 아래 여러분이 원하는 세상을 얻을 수 있을 것입니다.[108]

총 1,200자로 쓰인 이 성명서는 많은 장교들에게 감동을 주었다. 심지어 워싱턴 역시 그 내용에 감동받았다. 하지만 워싱턴은 이 성명서가 가지고 있는 의미를 누구보다 잘 알고 있었다. 이미 그는 해밀턴과 존스로부터 전해 들어 일단의 뉴버그 군인들의 움직임을 알고 있었고 그들이 게이츠 장군과 관련 있는 사람들이라는 것을 알고 있었다. 당장에 군인들의 집회가 예정되어 있는 가운데 워싱턴은 당시를 "자신의 생애에서 가장 걱정되는 순간"으로 여겼다.[109] 워싱턴은 11일 화요일 아침에 일반명령을 내려 이 집회를 "무질서하고" "비정규적"이므로 허가하지 않는다고 발표했다. 대신 그는 이미 성명서에서 거론한 필라델피아에 파견된 군

대표들의 편지에 대해 논의하기 위해 15일 토요일에 집회를 여는 것을 허락한다고 발표했다. 더불어 그는 이 집회에 자신은 참석하지 않을 것이며 대신 게이츠가 사회를 보라고 말했다.[110] 이 일반명령은 워싱턴의 전략이었다. 일단 무엇보다 군인들의 들끓는 열정을 누그러뜨릴 수가 있었다. 그리고 워싱턴은 가장 신뢰하는 인물들인 녹스, 해밀턴, 존스 등과 이 문제에 대해 상의했다. 그들과 상의했지만 몫은 온전히 워싱턴 자신의 것이었다.

이에 게이츠 도당은 12일에 두 번째 성명서를 유포했다. 첫 번째 성명서의 내용과 비슷했지만 "마침내 워싱턴 장군도 우리의 거사에 찬성하고 동참하기로 했다"는 내용이 포함되었다는 점에 차이가 있었다.[111] 1783년 3월 15일 토요일 아침, 긴장이 고조되었다. 거의 모든 부대에서 주요 장교들이 '덕의 사원'으로 모였다. 게이츠가 집회 시작을 알리자 게이츠 도당이 전혀 예상하지 못한 일이 일어났다. 총사령관 워싱턴이 문을 열고 들어왔다. 워싱턴은 게이츠에게 연설을 신청했고 게이츠는 이를 거절할 수가 없었다. 워싱턴은 중앙무대로 나가 자신과 함께 동고동락했던 장교들의 얼굴을 바라보았다. 대부분의 장교들에게서 평상시의 친근한 얼굴을 찾아볼 수가 없었다. 워싱턴은 군더더기 같은 말을 접어두고 곧바로 본론으로 들어갔다.

나는 여러분의 헌신적 봉사와 희생을 잘 알고 있습니다. 전에도 그랬지만 지금도 나는 여러분의 동지이며 여러분의 고통과 아픔을 누구보다 잘 알고 있습니다. 그것[성명서]은 비군사적이며, 모든 질서와 원칙을 파괴하는 것으로, 그 동기와 목적이 사악하며, … 이성과 선의에 호소하는 것이 아니라 감정과 울화에 호소하고 있습니다. 익명의 선동가가 여러분에게 배반을 하라고 요구한 그 나라는 다름 아닌 여러분의 나라, 곧 우리의 아내와 자식들의 나라이며, 우리의 재산이 있는 곳입니다. 좀 더 인내심을 가지라는 말을 무시하라고 선동하는 그 말은 우리에게 이성이 필요 없다고 주장하는 것과 마찬가지입니다. 군과 시민 사이를 분리시키는 주장이 옳단 말입니까? 그런 글을 쓴 자가 진정 군의 친구란 말입니까? 그런 자가 이 나라의 친구란 말입니까? 그는 진정 사악한 적보다도 못한 자입니다. 만약 그 선동가가 말한 대로 된다면 우리는 자유를 잃고 마치 도살장에 끌려가는 양처럼 될 것입니다. … 대부분의 심의기구가 그러하듯이 대륙회의는 조치가 늦지만 결국 정당하게 일을 처리하리라 믿습니다. 여러분! 성장하고 있는 이 나라를 내란의 홍수 속에 빠지지 않도록 하십시오. 우리의 후손들이 우리에게 인류를 위해 무슨 일을 했느냐고 물을 때, 우리는 그들에게 만약 오늘이 없었다면 세상 사람들이 도달할 수 있는 최고의 완벽한 단계를 결코 보지 못했을 것이라고 대답할 수 있는

근거를 마련해야 합니다.[112]

연설을 마쳤지만 장교들의 반응은 무덤덤했다. 만감이 교차하는 가운데 워싱턴은 며칠 전 조셉 존스가 보내온 편지를 생각했다. 워싱턴은 품속에서 그 편지를 꺼내 읽으려다 잠시 머뭇거렸다. 그러더니 지난 2월에 의사 데이비드 리텐하우스(David Rittenhouse)가 보내준 안경을 꺼내 착용했다. 워싱턴은 너무나 자연스럽게 그러나 약간 더듬으며 말했다.

여러분! 내가 안경 쓰는 것을 허락해주기 바랍니다. 조국을 위해 봉사하는 동안 머리도 희어지고 눈도 잘 보이지 않게 되었습니다.[113]

이 꾸밈없고 솔직한 말 한마디는 집회에 참여한 대부분의 장교들을 망부석처럼 얼어붙게 만들었다. 그동안의 좌절과 분노, 흥분과 기대, 그리고 참을 수 없는 대결의 분위기가 총사령관의 말 한마디에 눈 녹듯이 사라졌다. 여러 장교들이 눈물을 흘리며 자신들의 생각이 잘못되었음을 부끄러워했다. 이 순간 게이츠와 그 도당의 계획은 미수에 그치고 말았다. 게이츠는 장교들의 결의가 워싱턴의 그 말 한마디에 사라져버리는 것을 확인했다. 조금 후 워싱턴이 나가고 녹스가 사회자가 되어 집회를 진행했다. 장교들은 다시 한 번 총사령관에게 감사하고 대륙회의에 대한 흔들리지 않은 충성을 맹세했다. 워싱턴은 독재와 내란의 위기에서 미국을 구해냈다. 뉴버그에서 있었던 일이 대륙회의 의원들에게 전해졌고 그들은 많은 논란이 있었지만 3월 22일 연금에 대한 대체 안과 관세안을 통과시켰다. 물론 이것이 시행되기까지는 그 후에도 많은 어려움이 있었지만.

# 나가며

미국에서는 정치적 격변을 동반하는 혁명이나 쿠데타와 같은 사건이 일어나지 않았다고 알려져 있다. 하지만 미국에도 쿠데타 음모 사건이 있었다. 비록 헌법이 만들어지고 초대 대통령이 탄생하기 이전인 독립전쟁 기간이었지만, 1783년 뉴욕 뉴버그에서 쿠데타 음모 사건이 발생했다. 당시 미국은 입법기관인 대륙회의와 행정기관인 연합정부가 적법하게 구성되어 있었다. 그리고 영국으로부터 독립을 쟁취하기 위해 8년간 전쟁을 하고 있었다. 이 전쟁의 막바지에 일단의 대륙군 장교들이 대륙회의와 느슨하지만 정당한 조직인 연합이라는 시민정부를 무시하는 일종의 군사 쿠데타 음모 사건을 일으켰다.

비록 이 음모는 대륙군 총사령관인 조지 워싱턴에 의해 미수에 그쳤지만 그 영향은 결코 적지 않았다. 무엇보다 인류 역사상 처음으로 혈연이나 강압이 아닌 방법으로 정부를 구성하고 평화적인 정권 교체가 가능한 나라를 만드는 데 기여했다는 점이 가장 중요하다. 이와 관련하여 토머스 제퍼슨은 "대부분의 다른 혁명들이 그것들이 궁극적으로 추구하던 자유를 파괴시키는 방향으로 진행된 것과 달리, 단 한 사람의 자제와 덕성이 우리의 혁명이 그런 식으로 막을 내리는 것을 막았다"라고 말했다.[114]

1783년 11월 25일 영국군이 뉴욕에서 물러가고 난 뒤 12월 4일 워싱턴은 고별 연설을 하고 12월 23일 대륙회의에 공식적으로 칼을 반납함으로써 다시 민간인 신분으로 돌아갔다.[115] 뉴버그 쿠데타 음모 사건이 미수로 그친 것은 미국 역사에서 중요한 의미를 가진다. 그것은 역사를 통해 단 한 번도 군이 시민정부보다 우위에 있지 않는 전통, 위대한 전통을 만들었다. 조지 워싱턴의 덕(德)이다.

정당한 시민정부에 문제가 있다고 해서 군대가 무력으로 그것을 무너뜨리는 행위는 역사상 자주 있어왔지만 그것은 그 어떤 이유에서든 정의하고는 거리가 멀다.

요크타운 전투 이후 미국과 영국은 밀고 당기는 협상을

거듭했다. 드디어 1783년 2월 3일 프랑스 파리에서 파리조약이 채결되었다. 미국은 대표로 벤저민 프랭클린, 존 애덤스, 존 제이(John Jay)가 참석하여 자국에 유리한 조건을 이끌어내기 위해 노력했다. 그 결과 영국은 물론 프랑스, 에스파냐, 네덜란드로부터 독립 승인을 받았다. 이 당시 존 핸콕과 조지 워싱턴이 나이가 많아 평화협상 대표로 선발하기가 다소 어려웠던 프랭클린과 주고받은 대화는 참으로 흥미롭다.

"국가를 위해 우리는 지금 당신에게 큰일을 맡기려 하고 있습니다."

"나는 너무 늙어 군인이 되기에는 부적합합니다."

"다름이 아니라 파리에서 열리는 평화회의의 대표가 되어주십시오."

"아, 그렇다면 좋습니다. 군인은 나라를 위해 죽어야 하지만 외교관은 나라를 위해 거짓말만 하면 되니까요."[116]

그 결과 미국은 북아메리카 대륙에서 에스파냐 소유가 된 플로리다와 프랑스령이던 뉴올리언스와 루이지애나를 제외한 방대한 지역을 새로운 나라의 영토로 확정지었다. 8년간 지속된 전쟁으로 약 2만 5,000여 명이 사망했는데 교전으로 사망한 사람은 6,000명 정도였고 1만여 명은 천연두나 이질 등 당시 창궐했던 전염병으로 사망했다. 나머지는 영국군에 포로로 있다가 사망했다. 뉴욕에 있던 영국군이 본국으로 철수함으로써 마침내 176년간의 식민 지배가 끝이 났다.

결과적으로 미국은 식민지로 있다가 본국으로부터 독립한 최초의 국가로 19세기에 계속된 다른 식민지들의 독립에 선례가 되었다. 또한 '독립전쟁'을 '독립혁명'이라 부르고 있듯이 미국은 군주제를 무너뜨리고 인류 역사에서 단 한 번도 시험해보지 않은 인민(국민)이 주인이 되는 주권재민의 민주공화국을 최초로 건설했다. 사회경제적인 측면에서 볼 때는 절대주의 사회의 유산 및 귀족적 요소를 척결했으며 중상주의 경제 정책을 타파해 '자유방임'의 새로운 사회경제 질서를 마련하는 데 선구 역할을 했다. 미국의 독립은 대외적으로도 중요한 영향을 미쳤다. 우선 북아메리카에서 식민지를 상실한 영국이 이후 19세기 동안 인도 중심의 식민제국 건설과 캐나다를 식민화하는 데 집중하도록 만들었다. 아울러 미국 독립혁명은 곧 있을 프랑스혁명(1789)에 지대한 영향을 주었다.

그러나 미국 역사에서 독립전쟁은 제1막의 끝일 따름이었다. 식민지로 있다가 독립한 나라가 으레 그러하듯이 미국 역시 많은 과제를 안고 있었다.

- 왕정과 황제정이 전부인 당시에 새로운 정부의 형태는 어떠해야 하는가?
- 그 정부는 주(州)가 중심이어야 하는가? 아니면 중앙정부가 중심이어야 하는가?
- 정치, 경제, 사회, 문화 등에서 리더들과 일반 국민들 간 생각의 괴리를 어떻게 조정할 것인가?
- 점점 문제로 나타나는 흑인 노예 문제를 어떻게 처리할 것인가?

독립전쟁의 끝은 미국 역사 제2막의 시작이었다.

주
—

1) 이상은·김형곤, 『신대륙의 역사를 훔친 영화의 인문학』, 홍문각, 2015, 140~142쪽 내용을 수정·보완한 것이다.

2) 캐시 카우(cash cow)는 말 그대로 현금을 쏟아내는 젖소를 말한다. 캐시 카우를 가진 사람은 아침저녁으로 젖을 짜내 팔기만 하면 된다. 캐시 카우는 고정적인 수익을 매일 젖으로 쏟아내게 되지만 이는 어디까지나 그 젖소를 잘 관리하고 돌보았을 때 가능한 것이다. 만약 젖소를 돌보지 않으면 젖소는 병이 들고 더 이상의 우유를 생산하지 못할 것이다. '돌보지 않는 캐시 카우 법칙'이란 무엇이든지 잘 관리하고 돌보지 않으면 병든 젖소와 같이 더 이상의 현금을 만들어내지 못하는 것을 말한다. 김상근, 『사람의 마음을 얻는 법』, 21세기북스, 193쪽 참조.

3) 1756년에서 1763년 사이에 영국과 프랑스가 갈등의 양 주축이 되고 프로이센, 오스트리아, 러시아 등 여러 나라가 식민지와 유럽의 패권을 두고 전쟁을 벌였다. 이를 '7년 전쟁'이라 부른다. 이 7년 전쟁 동안 영국과 프랑스는 아메리카 식민지를 놓고 아메리카 대륙에서 격돌했다. 이때 프랑스는 인디언과 동맹하여 영국과 전쟁을 했기 때문에 이를 '프랑스-인디언 동맹전쟁'이라 부른다.

4) 이른바 '보스턴 대학살' 사건에 대한 재판이 얼마 후에 열렸다. 존 애덤스(John Adams)가 사건에 연루된 영국군들의 변호를 담당했다. 당시 애덤스 역시 영국의 정책에 대해 강한 적개심을 가지고 있었으나 재판의 공정함을 담보하기 위해 자발적으로 변호를 담당했다. 그의 변호 결과 7명은 무죄 방면되었고 2명이 불명예제대를 했다. 이 변호를 두고 식민지 급진주의자들은 애덤스를 비난했지만 당시 애덤스는 식민지인들은 영국인들과 달리 법의 공정한 집행을 준수한다는 사실을 보여주고자 했다고 주장했다. 애덤스의 이 주장은 수시로 법을 무시하는 영국인들에 비해 식민지인들이 도덕적 우위를 차지하는 결과를 낳았다. 애덤스는 독립운동 당시 매사추세츠를 대표했고 조지 워싱턴이 독립군 총사령관이 되는 데 결정적 역할을 했다. 후에 그는 초대 부통령과 제2대

대통령을 역임했다.

5) 영국은 차(tea) 소비와 차 문화로 유명하다. 영국인들이 차를 즐기는 수준은 단순히 음료를 마시는 것을 넘어 그들 사회의 사교의 근원이자 삶의 일부일 정도이다. 영국인들은 아침에 눈을 뜨고 나서부터 저녁에 잠자리에 들 때까지 하루 종일 차를 마신다고 해도 과언이 아니다. 하루 동안 영국인들이 마시는 차를 보자.

① early tea(bed tea): 새벽에 눈을 뜨면서 마시는 차로 남편이 따뜻한 차를 끓여 침대에서 자고 있는 아내에게 건넨다.

② breakfast tea: 아침 식사(토스트, 달걀 등)와 함께 마시는 차다.

③ elevenses: 바쁘게 일하는 중간에 마치는 차로 가볍게 즐긴다.

④ middy tea break: 점심을 먹고 난 후 즐기는 차다.

⑤ afternoon tea: 주로 부자나 귀족이 즐기는 차로 점심과 저녁 사이인 오후 3시에서 5시 사이에 샌드위치, 케이크, 과일, 잼 등의 음식과 더불어 즐기는 차다. 이때 제공되는 음식은 주로 3단으로 된 접시에 담겨 나오는데 아래 음식부터 먹는 것이 기본 예의다.

⑥ high tea: 하이 티의 어원은 높은 상에 마련된 차에서 유래했다. 가난한 노동자들과 학생들은 저녁을 조금 일찍 먹었는데 이때 고기와 샌드위치, 과일 등과 함께 차를 마셨다.

⑦ low tea: 말 그대로 낮은 상에 마련된 차에서 유래했다. afternoon tea가 격식을 갖춘 상류층의 차 문화라면 low tea는 격식을 갖추지 않은 간단한 차 문화다.

⑧ night tea: 잠자리에 들기 전에 마시는 차다.

이와 같이 영국에서 차 문화가 발달한 이유에 대해서는 여러 가지 주장이 있다. 우선 기후와 관련된 요인이다. 영국은 날씨가 맑지 못하고 1년 중 절반 이상이 짙은 안개로 뒤덮여 있기 때문에 늘 몸을 따뜻하게 해 줘야 하는 환경이다. 그래서 차 문화가 발달했다는 것이다. 또 하나는 문화적인 요인이다. 중세 이후 생겨나기 시작한 '커피 하우스'에는 여성들의 출입이 금지되었는데 이에 대한 반작용으로 여성들이 차를 마시기 시작했다는 주장이다. 그 이유가 무엇이든 제국주의 시대 영국은 차를 찾아 인도와 중국을 침략하는 데 혈안이 되었다. 영국의 역사와 차의 상관관계를 살펴보면 참으로 굵직한 사건들과 연관되어 있음을 알 수 있다. 미국 독립전쟁의 한 원인, 중국 아편전쟁의 한 원인, 인도 지배의 한 원인 등이 그것이다. 오늘날 영국에는 세계에서 가장 유명한

차 박물관인 '브라마 차 커피 박물관(Bramah Museum of Tea, Coffee)'이
있는데 이는 영국의 차 문화와 차와 관련된 역사를 반영한다.

6 ) 미국 독립전쟁기인 18세기 당시는 물론 거의 20세기 초까지 유럽인들
의 전투 방법은 서로 마주 본 채 횡으로 줄지어 서서 총을 쏘는 이른
바 '라인 배틀'이었다. 당시 영국군 장교 대부분은 전통적으로 내려오
는 이 전투 방식대로 싸우는 것이 전쟁에서 명예를 지키는 것이라 생각
했다. 그래서 독립전쟁 때도 영국군은 명예를 지킨다는 명목 아래 라인
배틀 방식으로 전투를 했다. 그랬기에 영국군을 상대로 매복, 은폐, 기
습 전투 방식을 구사한 아메리카 독립군이 유리했던 것은 당연하다 하
겠다.

7 ) http://en.wikipedia.org/wiki/Give_me_liberty,_or_give_me_death!128

8 ) 이 책에서 대륙군, 독립군, 미국군, 그리고 워싱턴 군대 등은 같은 의미
로 사용한 용어다.

9 ) Ron Chernow, *Washington: A Life,* New York: Penguin Books, 2010,
p.186 재인용.

10 ) 김형곤, 「조지 워싱턴의 꿈의 실현을 위한 준비된 리더십」, 『미국사 연
구』 제37집, 2013. 5., 1~45쪽.

11 ) 독일 중부 란트그라프 지역에 위치한 헤센은 16세기 중반부터 유럽 여
러 나라에 용병 수출로 국가를 유지해왔다. 헤센인의 용병 활동은 특히
30년 전쟁에서 스웨덴의 용병으로, 7년 전쟁에서 영국의 용병으로 활
약한 것이 유명하다. 조지 3세는 아메리카 식민지에서 반란이 일어나
자 영국 정규군 이외에 헤센인 1만 7,000명을 고용해 파견했다. 오합지
졸에 불과한 아메리카 식민지군들은 말로만 듣던 그 무시무시한 헤센
군인들이 온다는 소식에 상당 기간 혼란에 빠졌다. James T. Flexner,
*George Washington, The Indispensable Man*, New York: Little, Brown and
Co., 1974, p.107.

12 ) Thomas Paine, *Common Sense*, 1776; 토머스 페인, 박광순 옮김, 『상식
론』, 범우문고, 2007, 44쪽.

13 ) United States Declaration of Independence, July 4. 1776.

14 ) 이 부분은 김형곤, 「델라웨어 도강작전에 나타난 조지 워싱턴의 리더
십」, 『서양사학연구』 제28집, 2013, 41~82쪽을 수정·보완한 것이다.

15 ) Cheronow, *Washington: A Life*, p.235; David H. Fischer, *Washington's
Crossing*, New York: Oxford University Press, 2004, p.31. 영국군의 평

균 군복무 경험은 9년을 넘었지만 독립군은 이제 겨우 몇 달을 지나고 있었다.

16 ) Cheronow, *Washington: A Life*, p.235.

17 ) James C. Lee and Stephan Spignesi, *George Washington's Leadership Lessons*, New Jersey, John Wiley and Sons, Inc., 2007, pp.69~75.

18 ) Fischer, *Washington's Crossing*, pp.362~364. 1777년 1월에서 3월에 걸친 영국군의 뉴저지 후퇴는 그야말로 고통의 나날이었다. 유럽에서는 겨울 동안 사실상 전투를 중지하는 것이 관례였다. 따라서 영국군은 겨울 전투에 대한 준비가 거의 안 된 상태였다. 더욱이 후퇴를 하는 상황에서 모든 것이 부족했다. 식량을 비롯한 기본 보급품은 사령관 콘윌리스가 개인 재산을 털어 충당했지만 문제는 말과 동물들의 사료였다. 겨울 동안 사료가 없었던 영국군은 지나는 마을마다 사료를 찾으러 돌아다녔고 독립군 게릴라들은 이 기회를 놓치지 않았다. 약 12주 동안 수백 차례의 소규모 전투에서 영국군과 헤센군은 약 1,500명 이상의 사상자를 냈다.

19 ) Fischer, *Washington's Crossing*, p.125.

20 ) Fischer, *Washington's Crossing*, p.128, 만약 이때 하우가 클린턴의 주장을 따랐다면 역사는 달라질 수도 있었다.

21 ) Fischer, *Washington's Crossing*, p.132.

22 ) Fischer, *Washington's Crossing*, p.136.

23 ) 그래서 워싱턴은 개인적으로 자신의 친구인 버웰 바셋(Burwell Bassett)에게 만약 패배할 경우를 염두에 두고 독립군의 재기를 위한 피난처를 준비해줄 것을 요청했다. 이에 바셋은 오하이오 강 서부 산악 지역에 워싱턴이 부탁한 땅을 미리 마련해두었다. Lee and Spignesi, *George Washington's Leadership Lessons*, p.50.

24 ) 워싱턴은 전투에서 더 이상 버지니아 젠틀맨의 관습에 얽매이지 않았다. 때로는 도망을 선택하고 때로는 기습작전을 펼치고 때로는 거짓 정보를 흘려 기회를 엿보았다. 이전 같으면 워싱턴도 군인으로서 정정당당하게 맞서 싸워야 한다고 여겼겠지만 이제 무엇이 진정한 명예인가를 다시 생각했다.

25 ) 이 부분은 김형곤, 「델라웨어 도강작전에 나타난 조지 워싱턴의 리더십」, 『서양사학연구』 제28집, 2013, 41~82쪽을 수정·보완한 것이다.

26 ) George Washington to the President of Congress, August 20. 1780.

27） 워싱턴이 만든 스파이 조직은 "The Culper Spy Ring Route"였다. 여기서 활동한 인물로는 로버트 타운센드(Robert Townsend), 어스틴 로(Austin Roe), 에이브러햄 우드휠(Abraham Woodhull), 칼렙 브리스터(Calen Brewster), 벤저민 탈메지(Benjamin Tallmadge) 등이 유명하다. 이들이 사용한 암호는 매우 흥미롭다. 711은 조지 워싱턴 장군을 의미했고, 727은 뉴욕을 의미했다. 161은 9월, 178은 적, 745는 영국, 371은 중요함을 의미했다. Lee and Spignesi, *George Washington's Leadership Lessons*, pp.16~17.

28） 도노프는 혜센의 귀족 출신으로 종종 프랑스어를 쓰면서 세련됨을 뽐냈으며, 윗사람에게는 고분고분했으나 아랫사람에게는 무뚝뚝했다. 반면 랄은 혜센의 중산층 출신으로 거칠고 세련되지 못했지만 병사들에게 관대하고 능력 있는 군인이었다. Fischer, *Washington's Crossing*, pp.55~57.

29） Thomas Paine, "The Crisis," in Bruce Kuklick, ed., *Thomas Paine Political Writings*, Cambridge: Cambridge University Press, 1989, p.41. 페인의 이 글은 19일 「펜실베이니아 저널(Pennsylvania Journal)」에 발표되었고 4일 후인 23일에 팸플릿으로 출간되었다. 절체절명의 위기에 처한 워싱턴은 1776년 12월 24일 오후에 델라웨어 도강을 앞두고 혹독한 추위는 물론 도강작전에 대한 두려움과 도강 후에 벌어질 전투에 대한 막연한 두려움에 떨고 있는 병사들에게 페인의 이 글을 읽어주었다. 그 효과는 실로 대단한 것이었다.

30） Fischer, *Washington's Crossing*, p.142.

31） Fischer, *Washington's Crossing*, p.142.

32） 오늘날 미국의 역사가들은 세계 최강의 군사력을 가졌던 영국이 보잘것없는 식민지군에 패한 이유가 통신과 수송 수단이 어려운 시기에 3,000마일이나 떨어진 곳에서 보급을 해야 하는 어려움에 있었다고 말하고 있다. 이들은 20세기 최강국인 미국이 베트남 전쟁에서 패한 이유가 이와 다르지 않다고 설명하고 있다. Robert A. Davine and T. H. Breen and George M. Frederickson and R. Hal Williams, *The American Story*, New York: Longman, 2002, p.167.

33） William Howe to Colonel Carl von Donop, 13 December 1776.

34） Fischer, *Washington's Crossing*, p.178.

35） Fischer, *Washington's Crossing*, pp.193~195, 의병은 민병대 대령인 데이

비드 체임버스(David Chambers)가 이끄는 트렌턴 북부 지역의 헌터던 지역 사람들, 또 트렌턴 지역을 오가면서 여러 가지 일을 하던 그 지역 유지 제임스 어윙(James Ewing)의 의병, 그리고 트렌턴 남부 지역의 뉴 저지인들이 뭉쳐서 만든 의병이 중심이었다.

36 ) Grant to Rall and Donop, December 21. 1776.

37 ) Grant to Donop, December 23. 1776.

38 ) Joseph Reed to George Washington, December 22. 1776.

39 ) Fischer, *Washington's Crossing*, pp.199~200, 그녀는 매우 자유로운 퀘이커교도로 필라델피아의 한 의사의 부인인 베티 로사(Betsy Ross)였다. 그녀는 매우 아름다웠고 조지 워싱턴과도 잘 알고 지냈다. 그녀가 워싱턴의 부탁으로 도노프를 유혹했는지는 알려지지 않고 있다. 단지 역시 퀘이커교도로 워싱턴과 잘 알고 지낸 평화주의자인 마거릿 모리스(Margaret Morris)와 그녀가 잘 아는 사이였다는 것만 알려져 있다.

40 ) George F. Sheer and Hugh F. Rankin, *Rebels & Redcoats*, New York: Da Capo Press, 1957, p.211, 러시는 도강작전에서 후에 미국 대통령이 되고 '먼로 독트린'으로 유명한 제임스 먼로(James Monroe) 부대에 소속되어 있다가 전투 중 부상을 입은 제임스 먼로 대령을 정성을 다해 치료했다.

41 ) Gerald M. Carbone, *Washington*, New York: Palgrave Macmillan, 2010, p.113 재인용.

42 ) Fischer, *Washington's Crossing*, pp.211~213, 결국 도강은 워싱턴의 본진만 성공하고 다른 부대는 험한 날씨 때문에 실패했다.

43 ) Cheronow, *Washington*, p.272, 게이츠는 이 도강작전에 건강을 핑계로 참여하지 않았다.

44 ) Grant to Rall, December 24. 1766.

45 ) 이 전술은 고대 마케도니아 알렉산드로스 대왕이 기원전 326년 인도의 포루스(Porus) 왕과 전투를 앞두고 히디스페스 강을 건널 때 사용한 전법이었다. 강 건너에서 지키고 있는 3만 보병과 막강한 코끼리 부대를 상대로 알렉산드로스는 며칠에 걸쳐 위장 도강을 시도하게 했다. 결국 이에 지친 포루스군은 경계를 풀었고 그 틈을 이용하여 알렉산드로스는 도강에 성공했다. 워싱턴이 알렉산드로스의 이 전법을 따라했는지는 분명치 않다. 하지만 그의 서재에 플루타르크의 『영웅전』이 있었고 그가 결혼할 당시 영국 상인에게 주문한 역사적으로 위대한 인문들

중 첫 번째 인물이 알렉산드로스인 것을 보면 아마 알렉산드로스에 대해 상당히 알고 있었던 것이 아닌가 싶다. 알렉산드로스의 전법에 대해서는 다음을 참조하라. Leandro P. Martino, *Leadership & Strategy: Lessons from Alexander The Great*, New York: BookSurge Publishing, 2008, pp.136~139.

46) Fischer, *Washington's Crossing*, p.205 재인용.

47) 이 전술 역시 알렉산드로스에게서 볼 수 있다. 기원전 331년 페르시아의 다리우스를 패배시킨 알렉산드로스는 페르시아 지방을 공략하고자 나섰다. 그중 험한 산 위에 살고 있는 욱시우스족(Uxians)이 알렉산드로스에게 대적했다. 이에 알렉산드로스는 밤에 그동안 아무도 접근한 적이 없는 바위산을 통해 욱시우스족을 점령했다. Martino, *Leadership & Strategy*, p.156.

48) Fischer, *Washington's Crossing*, p.314 재인용.

49) 사실 이 기간 동안 프랑스로부터 더 많은 원조 물자가 왔다. 그뿐 아니라 이후 독립전쟁 동안은 물론 워싱턴이 대통령이 되어서 죽기까지 많은 조언과 영향을 준 프랑스의 라파예트 후작이 독립전쟁에 자원했다.

50) https://en.wikipedia.org/wiki/Battles_of_Saratoga

51) 영국에서 태어난 게이츠는 영국 군인으로 오스트리아 왕위계승전쟁과 프랑스-인디언 동맹전쟁 등에 종군했다. 게이츠는 영국 군대에 뿌리 깊게 남아 있는 돈과 인맥의 영향력에 대해 불만을 품고 1769년 미국 버지니아로 이민 왔다. 독립전쟁이 일어나자 대륙군에 입대했고 총사령관 워싱턴의 부관이 되었다. 전쟁이 한창이던 1777년 그는 대륙군 북부사령관으로서 새러토가 전투에서 영국군을 물리치는 공을 세웠다. 정치적·군사적으로 자신의 영향력이 커지는 것을 간절히 원했던 게이츠는 새러토가 전투 승리 이후 사사건건 자신과 마찰을 빚는 워싱턴에 대해 불만을 토로했다. 급기야 그는 워싱턴을 총사령관직에서 파직하려는 음모인 이른바 '콘웨이 음모단(Conway Cabal)'에 연루되어 발각됨으로써 체면을 구겼다. 결국 게이츠는 워싱턴에게 사과했고 전쟁위원회에서 사임했다. 하지만 워싱턴과 대륙회의는 그를 대륙군 동부사령관으로 임명했다. 그 후 별다른 활동이 없다가 1780년 영국군에 의해 사우스캐롤라이나의 찰스턴이 점령되고 남부 지역 사령관 벤저민 링컨(Benjamin Lincoln)이 체포되자 대륙회의는 게이츠를 남부사령관으로 임명했다. 버지니아 셰퍼드스타운에 있는 자신의 집에서 빈둥거리다

가 남부사령관 임명 소식을 들은 게이츠는 준비도 없이 대륙군을 이끌고 사우스캐롤라이나의 캠던으로 향했다. 캠던에서 게이츠는 전투 한 번 제대로 하지 못하고 찰스 콘월리스가 지휘하는 영국군에 철저하게 패배했다. 이 전투에서 게이츠가 이끄는 대륙군은 수백 명의 사상자를 내었고 수천 명이 포로가 되었을 뿐 아니라 엄청난 양의 식량과 마차와 대포까지 노획당했다. 결국 대륙회의와 워싱턴이 남부사령관직을 너새니얼 그린에게 넘기자 게이츠는 다시 집으로 가버렸다. 대륙회의는 캠던 전투 패배에 대한 청문회를 개최하여 게이츠의 책임을 물으려 했으나 그의 적극적인 책임 회피와 대륙회의 내 친구들의 도움으로 무혐의를 받았다. 그 후 게이츠는 1781년 요크타운 전투 승리 이후 워싱턴이 새롭게 마련한 대륙군 총사령관 본부인 뉴욕의 뉴버그 사령부의 부사령관으로서 다시 대륙군에 참여했다. 아직 분명한 사실은 밝혀지지 않은 채 논란이 있지만 뉴버그 사령부에서 게이츠와 그의 보좌관, 비서, 참모 등이 군사 쿠데타를 주도했다가 워싱턴에 의해 실패했다는 비난을 받고 있다.

코네티컷 태생의 아널드는 약국, 책방, 무역업 등에 종사하다가 독립전쟁이 일어나자 민병대 대령으로 참전했다. 전쟁 초기에 버몬트와 캐나다 등지에서 싸운 많은 공적으로 준장이 되었지만 그 후 소장 진급에서는 누락되었다. 제대를 하고자 했으나 워싱턴의 만류로 군에 남아 얼마 후 소장으로 진급했다. 1777년 10월 새러토가 전투에서 큰 공을 세웠지만 전공의 대부분은 게이츠에게 돌아갔다. 워싱턴의 배려로 1778년 필라델피아 사령관이 되면서 사치스러운 생활에 빠졌다. 대륙회의가 아널드를 고발하자 워싱턴은 그를 웨스트포인트 지휘관에 임명했다. 이때부터 아널드는 영국군과 내통하면서 워싱턴과 독립군을 배신하는 행위를 일삼았다. 1780년 영국군과 아널드 사이를 연결하던 존 앙드레 소령이 독립군에게 체포되면서 아널드 행각의 전모가 밝혀졌다. 아널드는 영국군 진영으로 도망쳐 전쟁이 끝날 때까지 독립군에 많은 피해를 주었다. 전후 영국으로 갔지만 사업을 하다가 망하고 쓸쓸하게 죽었다.

52 ) James T. Flexner, *Washington, The Indispensable Man*, New York: Back Bay Books, 1974; 제임스 플렉스너, 정형근 옮김, 『조지 워싱턴, 미국의 역사를 창조한 대통령』, 고려원, 1994, 139쪽.

53 ) 미국 독립전쟁 당시 적극적으로 워싱턴을 도왔던 프랑스의 라파예트

후작은 1789년 프랑스혁명기 동안에는 프랑스에서 조국의 혁명을 위해 노력했다. 혁명기 동안 라파예트는 신생국 미국을 오가면서 총사령관이자 대통령이 된 조지 워싱턴과 친밀한 관계를 유지했다. 라파예트는 절대주의의 상징 중 하나인 바스티유 감옥 습격에서 얻은 감옥 열쇠를 워싱턴에게 선물했다. 아마 공화주의자인 라파예트가 인류 역사상 최초로 공화국을 세운 미국에 절대주의를 무너뜨린 그 열쇠를 선물한 것이 아닌가 생각한다. 현재 이 열쇠는 마운트버넌의 워싱턴 생가에 전시되어 있다.

54 ) 요크타운 전투에 대해서는 김형곤, 「독립전쟁기 뉴버그 쿠데타 음모미수사건과 조지 워싱턴」, 『서양사학연구』 제36집, 2015. 10., 103~152쪽 재정리.

55 ) 1781년 5월 프랑스 사령관 로샹보는 자신이 보기에 너무나 '형식적인' 독립군 사령관 워싱턴을 자주 무시했다. 그는 자기 휘하의 그라스 제독에게 워싱턴의 공식 요청(영국군이 주둔하고 있는 곳으로 와달라는 공식 문서)을 무시하고 은밀하게 체사피크 만으로 항해할 것을 명령했다. 로샹보의 이 조치는 뉴욕을 공격하기를 원하는 워싱턴의 생각을 무시한 행동이었지만 오히려 요크타운 전투에서 승리를 이끌어내는 데 결정적인 요인으로 작용했다. 이 또한 역사의 아이러니라 아니할 수 없다.

56 ) 당시 클린턴은 워싱턴이 뉴욕을 공격할 것이라 굳게 믿고 있었기 때문에 콘윌리스에게 2,000명의 병사를 뉴욕으로 보낼 것을 명령했다.

57 ) 워싱턴은 장교들과 병사들에게 수시로 "지속적이고 명예로운 평화를 담보하는 가장 쉬운 방법은 전쟁을 강력하게 치를 수 있도록 준비하는 것이다"라는 말을 했다. Edward C. Boynton, ed. *General Orders of George Washington Issued at Newburgh on the Hudson, 1782-1783*, New York: Harbor Hill Books, 1973, p.39.

58 ) George Washington to R. H. Harrison, November 18. 1781. John C. Fitzpatrick, ed. *The Writings of George Washington from the Original Manuscript Source, 1745-1799*, vol.13, Washington D. C.: United States Government Printing Office, 1931-1944, p.352.

59 ) 전쟁이 아직 끝나지 않은 상태에서 총사령관 워싱턴은 장교들과 병사들의 사기를 진작시키기 위해 대륙회의를 상대로 다양한 노력을 했다. 그중에서 가장 중요한 것은 제대 후 봉급의 절반을 받는 연금법을 통과시키는 것이었다. Dave Richards, *Swords in Their Hands: George*

*Washington and the Newburgh Conspiracy*, New York: Pisgah Press, 2014, p.55.

60 ) 1782년 봄이 되면서 워싱턴은 독립전쟁 동안 가장 모험적인 작전을 개시했다. 그것은 영국 국왕 조지 3세의 아들인 윌리엄 헨리(William Henry) 왕자와 영국 제독 로버트 딕비(Robert Digby)를 함께 납치한다는 계획이었다. 요크타운 전투 이후 영국에서는 전쟁을 끝내기 위한 평화회담 소식이 흘러나오고 있었는데, 워싱턴은 이를 미국의 독립 의지를 꺾기 위한 영국 정부의 위선이라 여겼고 이를 막기 위해 조지 3세에게 경고용으로 이 작전을 승인했다. "어둡고 비 오는 날 밤에 36명으로 구성된 대원들이 해군 복장을 하고 4척의 고래잡이배를 나누어 타고 허드슨 강을 통해 맨해튼으로 접근한다"는 계획이었다. 워싱턴은 1782년 3월 28일 납치 계획의 작전 사령관 머사이어스 오그던(Matthias Ogden)에게 납치를 할 때 고관대작들을 정중하게 다룰 것을 명령했다. 그러나 이 작전은 적절한 기회를 포착하지 못하여 궁극적으로 시행되지 않았다. 비록 이 작전은 시행되지 않았지만 군인들의 관심을 집중시키는 데 중요한 역할을 했음에 틀림없다.

61 ) Fitzpatrick, ed. *The Writings of George Washington from the Original Manuscript Source, 1745-1799*, vol.13, pp.34~35.

62 ) Fitzpatrick, ed. *The Writings of George Washington from the Original Manuscript Source, 1745-1799*, vol.13, p.35.

63 ) Fitzpatrick, ed. *The Writings of George Washington from the Original Manuscript Source, 1745-1799*, vol.14, p.488.

64 ) Richards, *Swords in Their Hands*, p.70 재인용.

65 ) George Washington to James McHenry, September 12. 1782. Fitzpatrick, ed. *The Writings of George Washington from the Original Manuscript Source, 1745-1799*, vol.25, p.151.

66 ) George Washington to Thomas Paine, September 18. 1782. Fitzpatrick, ed. *The Writings of George Washington from the Original Manuscript Source, 1745-1799*, vol.25, p.176.

67 ) George Washington to Benjamin Franklin, October 18. 1782. Fitzpatrick, ed. *The Writings of George Washington from the Original Manuscript Source, 1745-1799*, vol.25, p.273.

68 ) Edward Robb Ellis, *The Epic of New York City*, New York: Old Town

Books, 1966, p.141 재인용.

69 ) 제임스 플렉스너, 『조지 워싱턴, 미국의 역사를 창조한 대통령』, 210쪽.

70 ) L Nicola to George Washington, May 22. 1782. *The George Washington Papers, 1714-1799*, Library of Congress, http://memory.loc.gov/ammem/gwhtml/gwhome.html(2015. 6. 6).

71 ) George Washington to L. Nocola, May 22 1782. Fitzpatrick, ed. *The Writings of George Washington from the Original Manuscript Source, 1745-1799*, vol.26, pp.272~273.

72 ) L Nicola to George Washington, May 23, 24, 28. 1782. *The George Washington Papers, 1714-1799*, Library of Congress, http://memory.loc.gov/ammem/gwhtml/gwhome.html(2015. 6. 6).

73 ) 이 '왕관 편지' 사건은 10개월 후에 일어나는 뉴버그 쿠데타 음모 미수 사건의 전초 역할을 했다는 데 의의가 있다. 이 사건 이후 워싱턴은 뉴버그를 떠나 마운트버넌에서 장기 휴가를 보내려는 생각을 접었고 장교들과 병사들의 불만의 목소리를 더욱 면밀히 경청하고 자주 대륙회의에 청원을 보냈다.

74 ) 군인들은 약 1달 전에 대륙회의에 보낼 청원서를 작성하고 이에 서명했다. 이들 3명 이외에 선임 장군은 워싱턴이 가장 신임하고 포병술에 능했던 헨리 녹스(Henry Knox) 소장이었고, 제더이어 헌팅턴(Jedehiah Huntington) 준장, 존 크레인(John Crane) 대령, 필립 반 코틀란트(Philip van Cortlandt) 대령 등 3명의 장군과 8명의 대령, 1명의 소령, 그리고 29세의 외과의사 윌리엄 유스티스(William Eustis) 등이었다.

75 ) Henry Knox et al., 'The address and pettition of the officers of the Army of United States,' December 1782. Worthington C. Ford et al., eds., *Journals of the Continental Congress, 1774-1789*, vol.24, Washington D.C: U.S. Government Printing Office, 1904-1937, pp.291~293.

76 ) 독립전쟁기는 물론 1787년 미국 헌법이 만들어지기 전까지 연방주의자들은 'Federalist'로 불리기보다 주로 'Nationalist'로 불렸다. 대륙회의 내의 대표적인 연방주의자들은 뉴욕 주 대표인 알렉산더 해밀턴(Alexander Hamilton)과 구버너 모리스(Gouverneur Morris), 버지니아 주 대표인 제임스 매디슨(James Madison), 연합정부 재무관(오늘날 재무장관)인 로버트 모리스 등이었다. 관세는 모리스와 해밀턴 등이 중심이

된 연방주의자들의 핵심 현안이었다. 관세를 통해 연합과 대륙회의가 자금을 확보한다면 그것은 대중의 신용을 회복하고, 각 주의 분리를 막고, 나라의 파괴를 막고, 모든 악이 사라지는 정치적인 만병통치약이 될 터였다. 1780년 해밀턴은 "수입이 없다면 권력도 없습니다. 지갑을 통제하는 권력이 지배할 것임에 틀림없습니다"라고 말했다. Alexander Hamilton to James Duane, September 3. 1780. Harold C. Syrett and Jacob E. Crooke, eds. *The Papers of Alexander Hamilton*, vol.2, New York: Columbia University Press, 1961-1987, p.404, 해밀턴의 이 말은 줄곧 연방주의의 청사진으로 작용했다.

77) 역시 연방주의자인 버지니아의 제임스 매디슨은 "이 두 사건은 관세를 새로운 안건으로 만들어줄 수 있습니다"라고 말했다. James Madison to Edmund Randolph, December 30. 1782. William T. Hutchinson et al., eds., *The Papers of James Madison*, vol.5, Chicago: University of Chicago Press, 1962-1991, p.437.

78) 뉴버그 쿠데타 사건이 끝난 후 해밀턴은 워싱턴에게 다음과 같이 고백했다. "대부분의 군인들은 제대로 된 대우를 받지 못한 것에 대한 불만과 이를 해결하기 위한 쿠데타의 필요성을 느꼈고, 그래서 그들 스스로가 강력한 엔진으로 작용할 수 있다고 보았습니다." Alexander Hamilton to George Washington, April 8. 1783. Syrett and Crooke, eds. *The Papers of Alexander Hamilton*, vol.3, pp.318~319.

79) Alexander McDougall to Henry Knox, January 9. 1783. Edmund C. Burnett, ed., *Letters of Members of the Continental Congress*, vol.6, Washington D.C.: Carnegie Institution of Washington, 1921-1936, p.14.

80) James Madison, 'Notes on Debates,' January 6. 1783. James Madison and Gaillard Hunt, ed., *The Writings of Madison*, New York: Ulan Press, 2012, p.305.

81) James Madison, 'Notes on Debates,' January 10. 1783. Madison and Hunt, ed., *The Writings of Madison*, p.308.

82) James Madison, 'Notes on Debates,' January 13. 1783. Madison and Hunt, ed., *The Writings of Madison*, p.313.

83) Ford et al., eds., *Journals of the Continental Congress, 1774-1789*, vol.24, pp.94~95.

84 ) Alexander McDougall and Matthias Ogden to Henry Knox, February 8. 1783. Burnett, ed., *Letters of Members of the Continental Congress*, vol.7, pp.35~36.

85 ) Gouverneur Morris to Henry Knox, February 7. 1783. Burnett, ed., *Letters of Members of the Continental Congress*, vol.7, p.34.

86 ) "Brutus" to Henry Knox, February 12. 1783. Burnett, ed., Letters of *Members of the Continental Congress*, vol.11, p.120.

87 ) Alexander Hamilton to George Washington, March 25. 1783. Syrett and Crooke, eds. *The Papers of Alexander Hamilton*, vol.3, p.306.

88 ) 이들 젊은 장교 집단 중 존 암스트롱 2세(John Armstrong, Jr.), 크리스토퍼 리치먼드(Christopher Richmond), 윌리엄 바버(William Barber)는 뉴버그 성명서를 작성하고 유포한 인물들이었다. 이는 후에 게이츠가 암스트롱에게 보낸 편지에서 잘 확인된다. Horatio Gates to John Armstrong, June 22. 1783. George Bancroft, *History of the Formation of the Constitution of the United States of America*, Littleton: Fred B. Rothman & Co., 1983, vol.I, p.318. 이들 외에 윌리엄 어스티스(William Eustis), 티모시 피커링(Timothy Pickering), 월터 스튜어트(Walter Stewart), 루퍼스 킹(Rufus King) 등이 연루되었다. 성명서를 직접 쓴 장본인인 암스트롱은 24세로 게이츠의 보좌관이었고 나머지 장교들은 게이츠의 비서나 참모로 있었다. 이른바 '게이츠 도당(Gates Cabal)'으로 알려진 이들은 반(反)워싱턴 집단으로도 알려졌다.

89 ) Richard H. Kohn, 'The Inside History of the Newburgh Conspiracy: America and the Coup d'Etat,' *The William and Mary Quarterly*, Vol.27, No.2, April, 1970, pp.199~220.

90 ) Richards, *Swords in Their Hands*, p.205.

91 ) 뉴버그 사건이 종결된 이후 관련된 여러 장교들이 서로에게 보낸 편지에서 모리스와 그들 사이의 관계에 대한 당시 상황을 볼 수 있다. 'Notes on Conversation,' October 12. 1788. Charles R. King, ed. *The Life and Correspondence of Rusfus King*, New York: G. P. Putnam's Sons, 1894, vol.1, pp.621~622.

92 ) Kohn, 'The Inside History of the Newburgh Conspiracy: America and the Coup d'Etat,' p.201 재정리.

93 ) Alexander Hamilton to James Duane, September 6. 1780. Syrett and

Crooke, eds. *The Papers of Alexander Hamilton*, vol.2, p.420.

94) 아마도 녹스는 연방주의자들의 계획에 찬성하고 있었지만 그래도 신중하지 않을 수 없었을 것이다. 특히 워싱턴과 개인적 관계로 보아 녹스는 총사령관을 배반할 수 없었던 인물이었다. Henry Knox to Alexander McDougall, February 21. 1783. *The Henry Knox Papers*, XI, p.148.

95) 사실 녹스는 많이 흔들렸음에 틀림없다. 2월 13일 받은 편지에 대한 답장을 2월 21일 했고 이 답장은 뉴버그 사건이 마무리되기까지 밝혀지지 않았다. Henry Knox to Gouverneur Morris, February 21. 1783. *The Henry Knox Papers*, XI, p.150.

96) Alexander Hamilton to George Washington, February 13. 1783. Syrett and Crooke, eds. *The Papers of Alexander Hamilton*, vol.3, pp.253~255.

97) Kohn, "The Inside History of the Newburgh Conspiracy: America and the Coup d'Etat", p.202, note.46 내용 정리. 하지만 필자는 이 편지로 해밀턴이 모리스와 달리 게이츠 도당을 신뢰하지 못하는 처지에서 워싱턴에게 당시 상황을 알려줌으로써 일종의 세력 균형을 맞추고자 의도한 것이 아니었나 생각한다. 해밀턴은 게이츠 같은 인물이 군사 쿠데타를 성공으로 이끌면 안 된다고 보았을 뿐 아니라, 혹시 일이 잘못되더라도 어쨌든 모든 존경과 신뢰를 받고 있는 워싱턴이 그 일을 잘 마무리하리라 생각했을 것으로 여겨진다.

98) Joseph Jones to George Washington, February 27. 1783. Richards, *Swords in Their Hands*, p.198 재인용.

99) George Washington to Alexander Hamilton, March 4. 1783. Syrett and Crooke, eds. *The Papers of Alexander Hamilton*, vol.3, pp.277~279.

100) 뉴버그 음모 사건이 끝난 뒤 암스트롱은 스튜어트를 "그는 재정적인 면에서 철저한 연방주의자들과 같은 견해를 가지고 있었다"라고 기억했다. John Armstrong to Jared Sparks, May 19. 1833. Richards, *Swords in Their Hands*, pp.211~212 재인용.

101) 채권자들 중 블레어 매클린챈(Blair McClenchan), 벤저민 러시(Benjamin Rush), 찰스 페티(Charles Petii), 존 유잉(John Ewing) 등이 대표적이다. 이들 모두는 재무관 로버트 모리스와 자주 만남을 가졌고 정부의 재정 확보에 대해 모리스와 견해가 일치했다.

102) 게이츠는 한때 자신의 부관으로 있었고 뉴버그 쿠데타 음모 사건에

서 밀사 역할을 했던 스튜어트에 대해 시간이 지난 후 "그는 대륙회의와 연합정부 내에 있는 우리 동지들의 대리인이었다"라고 말했다. Horatio Gates to John Armstrong, June 22. 1783. George Bancroft, *History of the Formation of the Constitution of the United States of America*, Littleton: Fred B. Rothman & Co., 1983, vol.1, p.318.

103 ) 뉴버그 사건 때 게이츠 도당이 스튜어트와 모리스에 대해 생각하고 있던 증거는 다음에서 볼 수 있다. Rusfus King. 'Notes on Conversation,' October 12. 1788. Charles R. King, ed. *The Life and Correspondence of Rusfus King*, vol.1, New York: G. P. Putnam's Sons, 1894, p.622; Kohn, 'The Inside History of the Newburgh Conspiracy: America and the Coup d'Etat,' p.206 재인용.

104 ) 리처드 콘은 스튜어트가 워싱턴을 만나지 않고 바로 게이츠에게 갔다고 주장하지만 데이브 리처드스를 비롯한 이후 연구자들은 스튜어트가 워싱턴을 먼저 만나 음모에 가담할 것인가를 타진했다고 보고 있다. 이에 대한 정확한 진실은 알 수 없지만 연방주의자들로부터 명령을 받은 것으로 보아 워싱턴에게 거사에 대한 마지막 타진을 한 것이 아닌가 싶다. 물론 이 일은 음모가 임박했음을 워싱턴에게 알려주는 또 다른 음모(?)가 숨어 있던 것으로 보인다. Richards, *Swords in Their Hands*, p.212.

105 ) Richards, *Swords in Their Hands*, p.212 재인용.

106 ) Richards, *Swords in Their Hands*, pp.212~213 재인용.

107 ) 존 암스트롱과 게이츠의 사이는 각별했다. 암스트롱의 아버지와 게이츠는 영국군에서 같이 복무했으며 암스트롱은 어릴 때부터 게이츠를 따랐다. 새러토가 전투는 물론 게이츠가 패배한 여러 전투에서도 암스트롱은 게이츠의 부관으로 일했다. 게이츠의 아들 로버트 게이츠(Robert Gates)가 22세에 병으로 사망한 후 게이츠는 암스트롱을 아들처럼 대했다. 게이츠의 특별한 편애 때문인지 모르지만 어쨌든 암스트롱은 다른 사람들 눈에 아주 건방진 장교로 인식되었다. Richards, *Swords in Their Hands*, pp.213~214 재정리.

108 ) John Rhodehamel, ed., *The American Revolution: Writings from the War of Independence*, New York: Library of America, 2001, pp.774~777.

109 ) Charles Brooks, 'Memoir of John Brooks, Governor of Massachusetts,' *New England Historical and Genealogical Register*, vol.XIX, no.3, July

1865, p.195.

110 ) General orders, March 11, 1783, Fitzpatrick, ed. *The Writings of George Washington from the Original Manuscript Source*, 1745-1799, vol.26, p.208.

111 ) The Second address of Newburgh, Ford et al., eds., *Journals of the Continental Congress, 1774-1789*, vol.24, pp.298~299.

112 ) The Speech, Ford et al., eds., *Journals of the Continental Congress, 1774-1789*, vol.24, pp.306~310.

113 ) Richards, *Swords in Their Hands*, pp.240~241 재인용, 워싱턴의 이 간단한 말은 너무나 유명하여 그곳에 참여한 장교들 대부분의 편지나 일기에서 찾아볼 수 있다.

114 ) Thomas Jefferson to George Washington, April 16. 1784, Julian P. Boyd, ed. *The Papers of Jefferson*, vol.7, Princeton: Princeton University press, 1958, pp.106~107.

115 ) 군사적 힘을 가진 워싱턴이 민간정부에 모든 것을 반납한다는 소리를 듣고 영국 국왕 조지 3세는 "그는 이 세상에서 가장 위대한 사람이 될 것입니다"라고 말했다. Gordon S. Wood, *Radicalism of American Revolution*, New York: Vintage, 1993, p.206.

116 ) Robert Divine·T. H. Breen·George Fredrickson·R. Williams, The American Story, New York: Addison-Wesley Educational Publishers Inc., 2002, pp.177~178 재인용.

# 미국 독립전쟁 조지 워싱턴의 리더십을 중심으로

| | |
|---|---|
| 펴낸날 | **초판 1쇄 2016년 11월 30일** |

| | |
|---|---|
| 지은이 | **김형곤** |
| 펴낸이 | **심만수** |
| 펴낸곳 | **(주)살림출판사** |
| 출판등록 | **1989년 11월 1일 제9-210호** |

| | |
|---|---|
| 주소 | **경기도 파주시 광인사길 30** |
| 전화 | **031-955-1350**　팩스　**031-624-1356** |
| 홈페이지 | **http://www.sallimbooks.com** |
| 이메일 | **book@sallimbooks.com** |

| | |
|---|---|
| ISBN | 978-89-522-3554-1　04080 |
| | 978-89-522-0096-9　04080 (세트) |

※ 값은 뒤표지에 있습니다.
※ 잘못 만들어진 책은 구입하신 서점에서 바꾸어 드립니다.

이 도서의 국립중앙도서관 출판시도서목록(CIP)은 서지정보유통지원시스템 홈페이지
(http://seoji.nl.go.kr)와 국가자료공동목록시스템(http://www.nl.go.kr/kolisnet)에서
이용하실 수 있습니다.(CIP제어번호: CIP2016028463)

책임편집·교정교열 **성한경·정한나**

## 001 미국의 좌파와 우파    eBook

이주영(건국대 사학과 명예교수)

미국 좌파와 우파의 변천사를 통해 미국의 정치와 사회, 그리고 문화가 어떻게 형성되고 변해왔는지를 추적하고 있다. 그리고 각 시대의 고민들이 무엇이었는지, 그리고 그것들을 해결하는 데 주도적인 역할을 했던 세력들의 발자취를 통해 지식인들과 정치인들의 역할이 무엇인지 서술했다.

## 002 미국의 정체성 10가지 코드로 미국을 말한다    eBook

김형인(한국외국어대 사학과 교수)

개인주의, 청교도정신, 개척정신, 실용주의 등 10가지 코드를 통해 미국인의 정체성과 신념을 추적한 책이다. 미국인의 가치관과 정신이 어떠한 과정을 통해서 형성되고 변천되어왔는지를 보여준다. 오늘날 미국이 세계의 패권을 쟁취하게 된 정신적 배경 등 역사·문화·정치 분야에 대한 다양한 접근을 통해 미국의 정체성을 드러낸다.

## 003 마이너리티 역사 혹은 자유의 여신상    eBook

손영호(청주대 역사문화학과 교수)

미국의 상징인 '자유의 여신상'의 신화와 감춰진 실상 등을 다룬 책이다. 여신상의 제작 과정과 미국에 기증된 배경, 여신상의 이미지가 미국의 역사와 미국인의 생활 속에 어떻게 변질되고 왜곡되었는지를 보여준다. 우리는 이 책을 통해 아메리칸 드림의 선봉장인 여신상이 어떻게 미국의 건국정신뿐만 아니라 미국의 모순까지도 드러내는지를 알 수 있다.

## 004 두 얼굴을 가진 하나님
성서로 보는 미국 노예제    eBook

김형인(한국외국어대 사학과 교수)

성서가 노예제도를 비호하는 가장 중요한 텍스트였다? 성서에 대한 노예제 찬반론자들의 해석을 통해 어떻게 인간에 의해 '두 얼굴을 가진 하나님'이 만들어지는지를 보여주는 책이다. 성서를 근거로 자신들의 입장을 어떻게 옹호하려 했는지를 구체적 예를 들어가면서 살펴보고 있다.

## 009 미국 문화지도

장석정(일리노이 주립대 경영학 교수)

정치, 경제, 언론, 문화, 예술 등 다양한 분야에 걸쳐서 미국 문화의 전반적인 틀을 소개한 책이다. 미국 문화와 속성, 그들의 독특한 언어관과 세계관을 우리의 문화와 비교하면서 그려내고 있다. 이 책을 통해 우리는 미국을 알 수 있는 것과 동시에 우리 자신도 알 수 있게 될 것이다.

## 058 중국의 문화코드

강진석(한국외국어대 중국외교통상학부 교수)

중국의 핵심적인 문화코드를 통해 중국인의 과거와 현재, 그들 문명의 형성 배경과 다양한 문화의 양상을 조명한 책이다. 이 책은 문화에 대한 접근을 통해 중국을 해부하고 있으며, 이를 통해 중국인의 대표적인 기질이 어떠한 역사적 맥락에서 형성되었는지 주목하고 있다.

## 079 미국을 만든 사상들          eBook

정경희(영산대학교 자유전공학부 교수)

낯선 땅 아메리카 대륙에 정착한 초기 식민지인들은 어떤 고민을 했을까? 그들을 혁명으로 몰아가게 한 사상은 무엇인가? 미국을 만들어가는 과정에서 그들이 겪었던 갈등과 쟁점은 또한 무엇이었을까? 이 책은 이러한 물음에 대한 대답과 함께 연방주의자와 반연방주의자가 대립하는 과정에서 쏟아져 나온 수많은 정치저술서를 통해서 오늘의 미국을 만든 정치사상이 무엇이었는가를 보여준다.

## 082 미국의 거장들          eBook

김홍국(정치평론가·국제정치학 박사)

항상 '세계 최고'라는 수식어가 자연스럽게 따라다니는 미국의 거장들. 이 책은 미국 경제의 토대를 닦았던 리더들의 꿈과 좌절, 그리고 불굴의 의지와 변신을 통해 어떻게 미국이 세계 경제의 강자로 군림하고 있는지를 설명한다. 미국의 거장들이 독특한 경영철학과 사업전략으로 거대한 부를 이룬 과정이 소개되고, 그들이 세계 경제에 끼치는 영향 등이 설명된다.

## 083 법으로 보는 미국

채동배(미국 텍사스 댈러스 지방법원 판사)

미국 사법제도의 이해를 통해 한국 사법제도의 개혁 방향을 모색한 책이다. 미국 현직 판사 신분을 가지고 있는 이 책의 저자는 미국의 사법제도가 형성된 과정과 초기 변호사들의 활동을 통해 미국이 그러한 법률 문화를 가지게 된 배경을 설명한다. 그리고 이를 통해 한국 사법제도의 개혁에 대해서 그 구체적인 방안을 제시하고 있다.

## 262 미국인의 탄생 미국을 만든 다원성의 힘 `eBook`

김진웅(경북대 사회교육학부 교수)

다양한 인종들이 모여 사는 나라 미국. 구조적인 갈등과 대립 속에서 어떻게 조화를 이루며 미국이라는 거대한 국가를 형성하고 또한 정체성을 형성해왔는가를 설명한 책으로 오늘의 미국인이 걸어온 길을 천착한다. 이 책의 저자는 미국적 동질성을 이끈 힘, 다양한 문화의 수혈, 공식 언어 문제를 다루면서도, 미국이 안고 있는 문제에도 주목한다.

## 331 중화경제의 리더들
팍스 시니카와 화교 네트워크 `eBook`

박형기(전 「머니투데이」 국제부장)

개혁개방을 선언했지만 자본이 없었던 중국 공산당에 막대한 '시드 머니'를 대준 이들이 바로 세계 각국에 퍼져 있는 화교들이다. 이들은 강한 적응력으로 각처에서 경제적 성공을 거두었고 이를 바탕으로 '조국'의 경제성장을 지원했다. 세계 경제에서 두각을 나타내는 중국계 경제인들을 살펴본다.

## 464 미국의 장군들 `eBook`

여영무(남북전략연구소장)

흔히 인류의 역사를 가리켜 '전쟁의 역사'라고 한다. 전쟁을 기점으로 역사가 완전히 뒤바뀌는 경우를 생각하면 '전쟁의 리더'는 그야말로 인류 역사를 좌지우지하는 최고 권력자인 셈이다. 그중에서도 이 책은 미국의 역사 속에서 빛을 발한 14인의 군사 리더들에게 초점을 맞춘다.

eBook 표시가 되어 있는 도서는 전자책으로 구매가 가능합니다.

㈜살림출판사
www.sallimbooks.com
주소 경기도 파주시 광인사길 30 | 전화 031-955-1350 | 팩스 031-624-1356